지정학

지금 세계에 무슨 일이
벌어지고 있는가?

지정학

지금 세계에
무슨 일이
벌어지고 있는가?

파스칼 보니파스 지음 | 최린 옮김

가디언

일러두기

1. 외국 인명과 지명, 도서명 등은 국립국어원 외래어 표기법과 용례를 따랐다.
   다만 국내에서 이미 굳어진 인명과 지명은 통용되는 표기로 썼다.
2. 단행본에는 겹꺾쇠(《 》)를, 정기간행물과 신문, 논문은 홑꺾쇠(〈 〉)를 썼다.
3. 본문의 각주 중에서 인용문과 관련된 주석은 지은이 주이며, 내용과 관련
   된 주석은 옮긴이 주이다. 옮긴이 주의 일부 내용은 온라인 두산백과사전과
   KIDA세계분쟁 데이터베이스의 내용을 참고로 했다.

서문

지정학이 서점, 도서관, 텔레비전 화면과 신문 지면 그리고 라디오 방송을 습격하고 있다. 이제 지정학이라는 단어를 모든 곳에서 보고 들을 수 있다. 아니, 모든 것이 지정학이 되어버렸다. 강대국 간의 경쟁, 학문의 전통적인 토대에 대해서는 물론이고 천연자원, 정보와 커뮤니케이션 분야의 첨단 기술, 우주 공간과 극지방, 세계 스포츠 경기, TV 드라마, 여행, 사람들의 감정과 노동조합의 투쟁 그리고 종교, 폭동, 기아, 포도주, 대도시 주변 혹은 정당의 내적 재구성 문제까지 지정학을 둘러싸고 열띤 토론이 벌어지고 있다. 한때 이데올로기적으로 나치즘과 너무 근접해 있다는 이유로 외면받던 지정학이라는 단어는 이제 분야를 가리지 않고 일상생활의 특정 분야에까지 출몰하고 있다.

모든 것을 '지정학'이라는 단어에 의지하며 과도하게 남발하는 것은 아닐까? '지정학'이 남용되면서 전문 분야가 일반화되어버릴 위험은 없는가? '국제관계'라는 용어를 미디어에 노출시켜서 더 지적이고 더 고상하게 표현하며 새로운 용어인 것처럼 제시하려는 속물근성이 발동한 건 아닐까?

지정학 이전의 지정학

수많은 사람들이 그 단어의 개념이 규정되기도 전에, 지정학이라는 단어에서 지리적 환경이 인간의 본성과 그에 뒤따라야 할 정치 혹은 정책을 결정할 수 있다는 생각을 유추해냈다.

지리적인 환경이 국민과 국가의 정치에 미치는 영향력에 대한 연구는 먼 과거로 거슬러 올라간다.

'지정학'이라는 단어가 출현하기 2,300년 전에 아리스토텔레스는 이미 이 주제와 관련된 이론들을 내놓았다. 그는 자연환경이 시민들의 인간적 특성에, 그리고 한 이상국가가 군사적, 경제적으로 필요로 하는 것에 영향을 줄 수 있다고 생각했다. 아리스토텔레스에 따르면 국가의 특성은 기후와 긴밀하게 연결되어 있으며, 한 영토 내의 이질적 요소들은 거주민들 간의 이질성을 만들어내어 국가의 통일성과 평화에 걸림돌이 된다. 지리 환경이 인간의 활동과 생활방식에 중요하게 작용한다고 본 것이다. 아리스토텔레스는 자급자족이 가능한 국가는 군사적 공격뿐 아니라 바람직하지 않은 영향으로부터 보호받는다고 생각했다. 외부로부터 유입되는 혁명적 사고는 한 정치체제를 불안정하게 만들 수 있기 때문이다. 장 보댕Jean Bodin도 그의 저서 《공화국La République》에서 기후 이론에 대해 언급했다. 건축가들이 사용 가능한 재료와 장소에 맞춰 조화롭게 건축물을 만들어내듯이, 정치 책임자들도 환경에 따라 변화된 인간 특징에 적응해야 한다는 내용이다. 거대한 국가가 무너지는 건 변화에 적응하지 못했다는 것을 의미한다고 그는 주장했다.

몽테스키외Montesquieu는 차가운 기후가 민주주의와 자유에 도움이 되는 반면 더운 기후는 독재정치와 노예제도에 유리하게 작용한다고 생각했다. 농업 덕분에 풍요로우며, 넓게 펼쳐진 지역은 침입자의 공격을 받을 위험이 크다. 따라서 이런 곳에서는 농업을 통해 얻어진 부를 지키기 위한 군주정치가 세워진다. 반면 가난한 산악 지대는 침입자들이 쳐들어올 만한 동기를 제공하지 못한다. 그들이 지켜야 하는 유일한 부는 민주주의인 것이다.

19세기 말에 독일의 알렉산더 폰 훔볼트Alexander von Humboldt와 카를 리터Carl Ritter의 등장으로 지리학은 단순히 세계를 묘사하는 것에 그치지 않고, 사회가 공간에 동화되는 방법에 대해 고찰하는 학문으로 발전했다.

이 책에서는 지정학에 대한 개념을 규정하려는 다양한 시도와 학자들을 소개한 후에 현 세계의 지정학적 주요 문제들을 4가지, 즉 지정학적 도발, 주요 분쟁과 위기, 구조적 경향과 문제 제기로 나누어 살펴보려 한다.

차례

4부 　세계 패권의 10가지 동향

5부 21세기를 읽는 10가지 질문

1부

세계를
이해하는 창,
지정학

CHAPTER 1
지정학에 대한 전통적 생각들

　　요한 루돌프 셸렌 Johan Rudolf Kjellén에 따르면, 지정학이란 "지리적인 유기체로서 공간에 자신의 존재를 드러내는 국가에 관한 과학"●이다.

　　프리드리히 라첼 Friedrich Ratzel에게 지정학이란 "지리적인 특징과 조건들, 더 구체적으로는 거대한 공간이 국가의 삶에 결정적인 역할을 하며, 개개인과 사회는 지리학의 법칙에 따라 결정되는 운명을 지닌 채 자신들이 살고 있는 토지에 의존한다는 사실을 밝혀내는 과학"이다.

　　카를 하우스호퍼 Karl Haushofer는 "지정학이란 국가에 관한 새로

● *L'État comme forme de vie*, 1916

운 과학으로, 공간적 결정주의로 모든 정치적 과정을 규정하는 학설이며, 그 정치적 과정은 지리학, 특히 정치지리에 근거를 두고 있다."고 주장했다.

자크 앙셀Jacques Ancel은 "지정학은 무엇보다 인간이 불변하는 지리적 조건 속에서 거주하며 지리적, 정치적, 상업적으로 발전시킨 영토와 인간과의 관계에 대해 관찰하고 분석한 결과이다."라고 말했다.

이브 라코스트Yves Lacoste는 이 개념을 확장시켜 "영토를 둘러싼 여러 유형의 권력 경쟁을 연구하는 것, … 영토 내부의 잠재력에 따라 평가되는 역량, 그리고 영토의 외부와 점점 더 확대되는 격차에 자신을 투영할 수 있는 능력에 따라 평가되는 힘"이라고 했다. 그는 "지정학이란 단어는 영토와 그곳에 거주하는 사람들에게 끼치는 지배력과 영향력의 측면에서 경쟁 관계에 있는 모든 것을 지칭하며 현 세계에서 다양하게 사용된다. 여기서 경쟁이란 (국가 간의 경쟁뿐 아니라 정치 단체나 다소 불법적인 무장 세력 간의 경쟁을 포함하여) 모든 종류의 정치 권력 간의 경쟁, 크고 작은 규모의 영토를 지배하거나 통제하기 위한 실제 경쟁을 말한다."•라고 분명하게 규정했다. 이브 라코스트에게 지정학은 정치학과 지리학이 결합된 학문이다.

• *Géopolitique. La longue histoire d'aujourd'hui*, Larousse, 2009

피에르 마리 갈루아Pierre Marie Gallois의 주장에 따르면, 지정학은 "국제적 범주까지 뻗어 있는 권력의 정치를 지휘·감독하는 것과 그 정치가 실행되는 지리적 범주 사이의 관계를 연구한다."•

미셸 푸쉐Michel Foucher는 지정학을 "위치가 정해졌다고 생각되는, 구체적인 사회정치적 상황과 그 상황을 서술하는 통상적인 표상을 지리적으로 분석하는 포괄적인 방법론"으로 보았다. 그리고 이렇게 말했다. "이 방법론은 어떤 상황과 사회정치적 과정의 지리적인 연계성을, 그리고 정치적 입장과 그 입장에 동반되는 지도상의 이미지를 해독한다."••

이번에는 로버트 캐플런Robert Kaplan의 견해를 들어보자. 그는 지정학은 "각 국가가 전략을 세울 때 마주하게 되는 전체적인 맥락에 대한 연구이며, 지리가 사람들 사이의 대립에 미치는 영향력"이라고 했다.

가장 간결하면서도 신속하게, 실용적으로 적용할 수 있는 개념은 이브 라코스트의 정의이다. 이 분야에서 저명한 프랑스 학자인 그의 견해에 따르면, 지정학은 "영토에 대한 권력 경쟁을 분석하는 학문이다."

그렇다면 지정학은 정치지리학과 구별되어야 할까? 래디스 K. D.

• *Géopolitique. Les voies de la puissance*, L'Âge d'homme, 2000.3.

•• *Fronts et frontières, un tour du monde géopolitique*, Fayard, 1991

크리스토프Ladis K.D. Kristof에 따르면, 정치지리학은 지리적인 현상에 집중하여 그 현상을 정치적으로 해석한다. 지정학은 지리적으로 해석하기 위해 정치 현상에 집중하고, 이 현상들의 지리적 측면을 연구한다.

때로 지정학이라는 단어와 지리 전략이라는 단어는 구분되지 않고 사용된다. 레이몽 아롱Raymond Aron에게 전략이란 군사 작전을 집행하는 것이며, 외교는 다른 국가와 거래를 하는 것이다. 전략과 외교는 둘 다 정치의 하위 분야이며, 이는 단체 또는 그 단체를 책임지는 사람들은 국가의 이익에 부합하여 행동한다는 것을 의미한다. 아롱은 전쟁은 또 다른 수단을 동원한 정치의 연장이며 군인과 외교관은 국제관계에서 상징적인 두 행위자라고 본 클라우제비츠Clausewitz의 개념을 바탕으로 어떤 전략을 선택하느냐는 전쟁의 목적과 이용 가능한 수단에 달려 있다는 결론을 내렸다. 국가 간의 전쟁이냐, 혹은 독립을 위한 전쟁이냐에 따라 전략이 달라지는 것이다.

전술과 전략의 차이는 목적과 수단의 차이이다. 전략은 장소와 효과가 있는 순간을 결정하며 전쟁을 이용하는데, 이 단어들이 결말에서는 영향을 준다는 의미에서 그렇다. 지리 전략은 지리적인 여건 속에서 전략을 결정한다.

CHAPTER 2

지리가
운명을 결정한다?

제라르 샬리앙Gérard Chaliand은 안전을 위협하며 팽창하는 전선은 공격을 하기 전에 세계지도 위에 이미 그려져 있다고 생각했다. 그에 주장에 따르면, 지정학은 외교·전략 관계를 지리적으로 도식화한 것과 자원을 지리경제적으로 분석한 것을 결합시키며, 이 지리적 도식화를 또한 외교상의 태도에 대한 분석과 연결하는데, 외교상의 태도는 정착민/유목민, 농촌 사람/바닷가 주민처럼 대조적인 삶의 방식과 거주 집단 양식에 따라 다르다.

다른 시각에서 봤을 때, 지도는 왜곡된 효과를 가져올 수 있다. 유럽인들은 유럽이 세계의 중심에 놓여 있는 메르카토르의 지도에 익숙하다. 틀린 지도는 아니겠지만, 유럽인의 입장에서는 그렇게 유럽이 세계의 중심인 것이다. 제라르 샬리앙은 프랑스인들이

유럽 중심의 세계지도

때로 지도는 왜곡된 효과를 가져오기도 한다. 유럽인들은 평생 유럽이 중심에 놓인 지도를 보고 그 지도에 익숙해 있었다. 하지만 1984년 제라르 샬리앙은 유럽인들에게는 낯선, 구 소련과 중국, 미국이 중심에 있는 세계지도를 출간하면서 프랑스인들의 고정된 사고에 충격을 주었다.

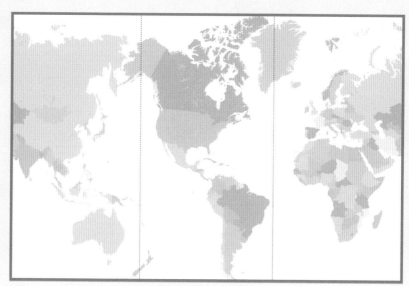

아메리카 대륙 중심의 세계지도

러시아와 중국 중심의 세계지도

평생 동안 봐와서 익숙해 있던 지도와 달리 구 소련, 중국과 미국이 중심에 놓여 있는 지도를 1984년에 출간하면서 고정된 사고를 가진 프랑스인들에게 충격을 주었다.

지리적 결정론에 따라 정치를 해야 하며 다른 대안이 없다고 주장하는 것이 아니다. 지리적 환경은 기회와 동시에 위험을 제공한다. 그렇지만 정치 책임자들이 지리적 요인에 순종하는 것 이외에 다른 선택의 여지가 없는 것처럼 행동해야 한다고 강요하지는 않는다. 지도를 읽는다고 무엇을 해야 할지가 자동적으로 알아지는 것은 아니다.

나폴레옹은 한 국가의 지리를 알면 그 국가의 외교정치를 알 수 있다고 했지만, 이 말은 사실과는 거리가 있다. 프랑스와 독일은 국경을 공유하는 유럽의 두 주축 세력으로, 역사적으로 내내 적대 관계에 있었다. 갈루와 장군은 헬포드 존 맥킨더Halford John Mackinder에게 지리학 때문에 자신이 인간의 현실에 대해 생각하게 되었다고 불평을 늘어놓았다. 그는 《지정학, 권력의 길Géopolitique. Les voies de la puissance》에서 이렇게 말했다. "지정학은 매력적으로 보이지만, 지정학적 사유를 실제로 현실에 적용했을 때 실망스러운 경우가 많다. 세계의 지리적인 특징을 부각시키는 건 흥미로우면서도 유용하다. 그러나 지리적 특징이 인간적 요인, 인류의 진보, 많은 이들의 이동과 사회를 지휘하는 사람들의 의도를 이해하지는 못

한다."[•]

레이몽 아롱도 그의 저서 《국가 간의 평화와 전쟁Paix et guerre entre les nations》에서 "보편적 역사, 예언 혹은 이데올로기를 지리적으로 해석해내는 건 근거가 없다."[••]라고 서술하면서 갈루와와 같은 입장을 취했다.

• *Géopolitique. Les voies de la puissance*, 255쪽, L'Âge d'homme, 2000.3.

•• *Paix et guerre entre les nations*, Calmann-Lévy, 205쪽.

CHAPTER 3
지정학으로
세계를 본다는 것

1905년 최초로 '지정학'이라는 단어를 사용한 사람은 역사와 정치학 교수였던 요한 루돌프 셸렌Johan Rudolf Kjellén으로, 그는 예테보리 대학과 웁살라 대학의 교수를 지낸 인물이다. 그는 발틱해를 향한 러시아의 침략을 심각한 문제로 보았다. "한 국가의 삶은 국경과 같은 물리-지리학적인 측면 이외에 4가지 형태를 취하고 있다. 즉, 경제 활동의 진원지, 민족적·인종적 특징을 가진 국민, 계급과 직업으로 대변되는 사회공동체 그리고 헌법·행정 측면에서의 정부이다. 이는 같은 힘의 5가지 요소로 평화로운 시기에는 협력하고 전쟁 시에는 싸우는, 하나의 손에 달린 다섯 손가락과 같다."

그는 정치학의 하위 학문으로 다음의 5가지 분야를 상정했다. 유기체 혹은 사회적 현상으로서 국가를 연구하는 지리정치, 경제정치(경제학), 인구정치(인구와 정치 조직 간의 관계), 사회정치(국가와 사회 간의 관계), 대중정치(크라토폴리티크kratopolitique)와 권력이 그것이다.

셸렌은 국가를 살아 있는 존재로 인식하고, 생물학에 가까운 관점으로 접근했다. 그에 따르면 "각 국가는 특정 관심사와 행동양식, 감정을 가지고 있으며 독특한 특징을 지닌 한 개인처럼 만들어졌다." 인간은 민족을 형성한다. 그러나 국가는 살아 있는 개인만으로 이루어지지 않는다. 국가에서는 모든 종류의 개인들을 발견할 수 있는데, "마치 모든 나이대의 다양한 잎사귀를 가진 나무처럼" 국가에는 살아 있는 자, 죽은 자 그리고 아직 태어나지 않은 자들이 존재한다는 것이 그의 생각이었다.

국가는 부분들의 합과는 다른 무엇이다. 셸렌은 국가를 살아 있는 존재로 파악했다. 따라서 국가는 심각한 질병을 겪기도 하는데, 이것 또한 생명을 유지하는 데 필수적인 것으로 보았다. 그리고 지정학은 국가의 취약한 부분을 파악하여 전략을 뒷받침하는 역할을 한다.

현대 전쟁의 목적은 적의 의지를 무너뜨리는 것이고, 그 목적을 이루는 가장 급진적인 방법은 영토를 통째로 빼앗는 것이다. 바다는 국가 간의 가장 자연스러운 경계선이라고 볼 수 있다. 그래서 섬나라 지형은 한 나라의 가장 이상적인 모습이기도 하다. 그러나 자연만이 국가 간의 경계선을 결정하지는 않는다. 힘의 종속관계와 세력 간의 관계도 경계선을 이루는 요소가 된다.

셸렌은 공간, 영역, 위치를 각각 구별했다. "제한된 공간 속에 있는 강력한 국가들은 식민지화, 합병 혹은 다양한 방식의 정복 활동을 통해 자신들의 공간을 확장할 명확한 필요성을 가지고 있다." 그러나 내부적 위험에 노출될 수 있기 때문에 지나치게 공간을 확장해서는 안 된다. 그리고 이웃하고 있는 국가들(독일은 여덟 국가와 국경을 공유하지만 영국은 국경을 공유하는 이웃 국가가 없다)과 병참선에 의해 그 위치가 결정된다.

독일 출신의 인문지리학자 카를 리터는 "탄생, 성숙, 죽음의 단계를 거치는 자연 혹은 유기적인 요소의 순환이론과 비교되는 국가의 성장에 관한 순환이론"을 발전시켰는데, 이 이론은 다소간 다윈에게 영향을 받았다.

현대 지리학과 정치지리학의 창시자로 알려져 있는 프리드리히 라첼은 약사 교육을 받았으며, 다윈 진화론의 추종자였다. 그는 1886년부터 죽을 때까지 라이프치히 대학에서 지리학과 교수로 강단에 섰다. 독일 정치지리학에서 중요한 인물로 평가받는 그의 주된 연구 주제는 국가였다.

그는 서구 사회가 다른 문명에 비하여 인정받을 수 있었던 건 국가의 역할 덕분이라고 생각했다. 그래서 국가가 형성되는 메커니즘, 공간과의 관계, 그 역동성을 이해해야만 했다. 그는 국가를 하나의 유기체와 비교하고, 한 민족의 번성과 그 민족이 필요로 하는 생존

공간Lebensraum 간의 직접적인 관계를 정립했다. 그가 처음으로 발전시킨 생존공간이라는 개념은 이후 히틀러에 의해 어용화되었다. 무역과 경제 분야에서 영향력을 행사하고, 문화와 이데올로기적 권력까지 갖춘 독일은 국경을 동쪽으로 확장해서 그곳의 농업 자원을 손에 넣고 유럽을 지배해야 한다는 소명 의식을 갖고 있었다. 극단적으로 보면 지정학은 자연과학의 한 분야이기도 하다. 라첼의 이론은 독일 민족에게 필요한 생존공간을 확보하기 위해 영토를 확장하려는 의도를 정당화하려는 나치에 의해 왜곡되고 남용되었다.

라첼은 정치지리학을 국민의 힘과 영토의 힘으로 이루어진 삼각형이라고 규정했다. 그에 따르면, 국가는 살아 있는 유기체처럼 땅에서만 성장할 수 있는 구조로 인간에게 고유한 존재이다. 성장하는 국가는 공간을 넓혀가는 반면 죽은 국가는 지도에서 사라진다. 민족은 소속감으로 뭉친 사람들의 집단이지만, 소속감이 반드시 인종을 기반으로 형성되는 것은 아니다. 이에 반해 국민은 공동의 영토에 모여 있는 개인과 집단으로 이루어져 있다.

라첼은 지정학이 혹은 지정학에 기반한 정치가 지리적 결정론에 빠질 위험이 있다는 사실을 인정하며 다음과 같이 말했다. "국가라는 통일체의 유일한 요소는 영토이다. 이 부분에서 영토와 국가에 대한 정치 조직을 만들려는 강한 유혹이 생겨난다."

지정학은 사람들이 자주 간과하는 지리적 요소가 얼마나 중요한지를 환기시켜준다. 뿐만 아니라 라첼은 인류의 역사가 지리학으로 설명될 수 있다고 주장했다.

그럼에도 불구하고 라첼은 국가에 대해 유기체론적인 견해를 갖고 있다. 이 주장에 따르면 국경은 외피와 비교되며, 국가의 팽창은 자연적인 성장 과정이다. 또한 더 강한 쪽이 약한 쪽을 지배한다는 논리도 정당화할 수 있다.

강한 국가는 당연히 영토에 단단하게 뿌리 내리고 국토를 확장할 수 있는 능력을 갖춘 국민들로 이루어져 있다. 어떤 국민들(독일인)은 강하지만, 어떤 국민들(세르비아인)은 힘이 없고, 또 어떤 국민들(폴란드인, 유대인)은 국가로 조직화되어 있지 못하다.

::

군사전략 분야 교수의 아들인 알프레드 머핸Alfred Mahan은 1902년 미국 역사학회의 의장이 되기 전에 미 해군에서 근무했다. 그에게 정치란 무엇보다도 힘의 관계에 대한 표현이었다.

사회적 통합체는 필수불가결하게 분쟁과 대립을 야기하는 경쟁 관계 속에서 유지된다. 민족이란 경제적 동업자이며, 그저 이기기 위해 싸우고 있다. 아프리카, 라틴아메리카, 극동 아시아의 시장은 다른 지역에게 충분히 매혹적인 시장이었고 유럽 역시 경쟁에 뛰어들었는데, 이 경쟁은 힘에 의해 좌우되었다. 국제관계는 전략과 전술이라는 관점에서 연구된다. 각 민족은 자신의 선택에 따라 이익을 얻을 수도, 손해를 볼 수도 있다. 세계의 민족에게 힘을 대체할 수 있는 건 없으며, 이런 의미에서 국제법의 개념은 환상에 불과하다. 국제법이 힘 그 자체에 의해 좌우되기 때문이다. 전쟁은 도덕적 진실이라는 존재를 근거로 한 모든 국제적인 권위만 없다면 도덕적으로 충분히 정당화될 수 있다.

머핸은 다음과 같이 주장한다. "나는 제국주의자이다. 왜냐하면 나는 고립주의자가 아니기 때문이다." 그에게 신의 섭리란 강력한 해양 세력들에게 그들의 힘을 정당하고 합법적인 결말을 위해 사용하도록 가르치는 것이었다. 아마도 시어도어 루스벨트Theodore Roosevelt의 팽창주의 정치는 머핸의 글을 통해 정당화되었을 것이다. 그는 서구 문명의 우월성이 "야만성이라는 사막에 있는 문명의 오아시스"라고 믿었다. 또한 미국이 지리적인 위치 덕분에 전쟁으로부터 보호받고 있지만, 미국에 대한 공격을 억제하는 가장 강력한 힘은 적군의 무역선을 공격할 수 있는 해군력이라고 생각했다. 그에게 해상에서의 지배력은 무역과 경제적 경쟁의 핵심 열쇠였다. 영국이 영국해협을 통제했던 것처럼 미국은 파나마 운하를 통제했고, 이를 통해 미국의 대서양 연안은 유럽과 비교하여 거리 면에서 아시아 시장에 대한 경쟁력을 갖출 수 있었다.

그의 주요 저서는《역사를 통해 본 해양 세력의 영향력L'influence de la puissance maritime à travers l'Histoire, 1660~1783》이다.

그는 서구 세계는 비유럽 문명권에 맞서기 위해 강하고 유능해야 한다고 생각했다. 비유럽 문명권은 자신들의 우월성을 유지해야 한다는 도덕적 책임감을 가지고 있다. 그래서 기독교 세계는 보호받아야 하고 그러기 위해서는 힘 있는 위치를 점해야만 한다는 것이 그의 주장이었다.

자신은 '지정학'이라는 단어에 반박했지만, 영국인 헬포드 존 맥킨더Halford John Mackinder는 아마도 가장 저명한 지정학자 중 한 명이자 가장 논란이 되었던 인물일 것이다. 머핸이 해양 세력이 세계적으로 더 우월한 위치를 점한다고 주장한 반면 맥킨더는 대륙 세력이 세계 패권 경쟁에서 더 유리하다고 믿었다. 옥스퍼드 대학의 교수였던 그는 런던경제학회를 이끌었고, 1910년부터 1922년까지 국회의원을 역임했다. 그는 미국과 독일 세력이 부상하는 가운데 영국이 세계의 권력 서열에서 어떻게 자신의 자리를 유지할 수 있을지 고민했다.

19세기 말, 다양한 주권을 상징하는 국기가 전 세계 곳곳에 내걸렸다. 식민지 팽창주의는 한계에 부딪혔다. 부는 대륙을 통해 개척되었고, 해양 무역은 세계 경제에서 중요한 역할을 잃어갔다.

1904년 맥킨더는 '역사의 지리적인 주축'이라는 주제로 강연을 했는데, 이 해는 러시아가 아시아 대륙을 통제하기 위해 시베리아 횡단철도를 완성한 해이기도 했다. 그러나 시베리아 횡단철도라는 하나의 선로로는 러시아가 필요로 하는 원군을 실어 나를 수 없었고, 1905년 러시아가 일본과의 전쟁에서 패하면서 상황은 역전되었다. 만약 러시아가 독일과 연합했다면, 해양 세력과 산업 세력으로서의 지위를 차지할 수 있었을 것이다. 세계 패권 경쟁에서 핵심적인 역할을 할 수도 있는 대륙의 부상에 맞설 필요성에 대해 맥킨더는 다음과 같이 말했다. "현재 러시아는 거대한 대륙의 절반이나 차지하고 있다. 러시아는 이미 해양 세력에 맞서고 있는 육지 세력이다. 러시아가 통제하고 있는 공간은 너무나 방대하고, 인구통계학적 잠재력이 풍부할 뿐만 아니라 막대한 부를 소유하고 있어 필연적으로 해양 무역에 접근할 수 없는 경제 세력이 성장할 수밖에 없다."

맥킨더는 영국의 뒤를 잇는 연합 시스템을 예견했다. 그는 독일(제2차 세계대전 중의 독일 세력)의 부상에 맞서고, 페르시아 제국과 아프가니스탄으로 (냉전 시대 초기부터 저지되었던) 러시아가 영토를 확장하는 것을 막기 위해 런던과 모스코바 간의 연대를 추천했다.

또한 프랑스와의 연대도 권장하며 독일 세력에 저항하는 데 집중했다. 클라우제비츠가 주장했듯이, 맥킨더도 동시에 두 군데의 국경에서 전력을 다해야 하는 세력은 결국 패배할 것이라고 생각했다.

지정학에서 가장 유명한 강연은 1904년 1월 5일에 개최된 학술회에서 맥킨더가 왕립지리학회를 대상으로 한 것이었다. 이 강연에서 지정학에 대해 논의할 때 가장 많이 인용되는 문장이 언급되었다. "세계의 심장을 통제하는 자가 세계의 주변부를 지배하며, 세계의 주변부를 통제하는 자가 세계를 지배한다."*

영국, 캐나다, 미국, 남아프리카, 호주, 일본은 해양 세력으로, 주변부와 섬들과 고리를 형성하며, 무역으로는 유라시아와 육지 세력에 접근할 수 없다. 그럼에도 육지 세력은 여전히 유지되고 있으며, 최근의 사건들을 보면 그 중요성이 높아지고 있다.

튜더 왕조 시기에 유럽은 바다 너머로 세력을 확장했지만, 그 시기에 러시아 세력은 모스크바에서 시베리아로 중심을 옮겨갔다. 러시아의 기병들은 아시아를 가로질러 동쪽으로 향했으며, 이는 희망봉을 우회하는 것만큼이나 정치적인 의미를 지닌 사건이었다.

한 세대 이전에, 증기기관차와 수에즈 운하는 육지 세력이 불리해지는 상황을 전혀 고려하지 않은 채 해양 세력의 기동력을 강화했던 것으로 보인다. 철도의 주요 기능은 바닷길을 통한 무역로를 자극하는 것이었다. 그러나 대륙을 가로지르는 철도의 건설로 육지 세력이 정세를 전복하기 시작했고, 그 어떤 지역보다

● 맥킨더는 아프리카와 유라시아 지역을 세계의 핵심에 해당하는 세계섬(world island)으로, 미국, 호주, 일본, 영국 등을 주변부에 해당하는 연안섬(peripheral islands)으로 구분하고, 세계섬의 중심인 동유럽에서 시베리아로 이어지는 러시아 지역과 중앙아시아를 심장지역이라고 규정했다. 그리고 심장지역을 지배하는 자가 세계의 중심인 세계섬은 물론 더 나아가 전 세계를 지배하게 된다는 심장지역 이론을 주장했다.

유라시아 중심부의 폐쇄된 지역에서 가장 극적으로 그 효과가 나타났다.

전 지구적인 차원에서 국제관계의 주축이 되는 지역은, 선박이 접근할 수 없고 고대에는 말을 탄 유목민에게 열려 있었으며, 오늘날에는 철도망을 갖출 준비가 되어 있는 유라시아 대륙 전체가 아닐까?

맥킨더가 이 강연을 한 지 1년 후에 해양 세력인 일본은 육지 세력인 러시아를 상대로 승리를 거두었다. 그러나 제2차 세계대전 이후 소련의 부상은 맥킨더의 주장에 새롭게 힘을 실으며 그를 주목하게 만들었다.

맥킨더는 세계를 아시아, 유럽, 아프리카라는 세계섬world island이 있는 세계 대양에 비유했다. 그리고 그 주변에 아메리카, 호주, 일본, 영국과 같은 거대한 섬outlying island이 존재한다고 여겼다. 그는 심장지역heartland을 통치하는 자가 세계섬을 지배한다고 생각했다. 다시 말해 세계섬을 가진 자가 세계를 갖게 된다는 의미였다.

19세기 독일과 러시아가 국제 무대에서 부상하며 영국을 불안하게 했는데, 이는 맥킨더가 우려했던 바를 잘 보여주었다.

1943년 맥킨더는 러시아가 독일을 상대로 한 전쟁에서 승리하고 전 세계에서 가장 강력한 육지 세력으로 부상할 것이라고 예측했다. 비록 소련과 미국 간의 경쟁 문제를 전면적으로 다루지는 않았지만 봉쇄정책*을 예견한 것이라고 할 수 있다.

맥킨더는 전쟁이 끝난 후 독일이 공격적인 정치를 하지 못하도록 막기 위해 미국, 영국, 프랑스가 연합해야 한다고 적극 주장했다. 또한 전쟁 이후 독일의 군비축소를 주장했다.

::

카를 하우스호퍼Karl Haushofer는 나치 지정학의 선두에 섰던 인물이다. 하우스호퍼는 국가사회당에 가입하지도 않았고 그의 아내는 유대인이었지만, 자신은 루돌프 헤스Rudolf Hess**의 최측근이었다. 그는 제1차 세계대전이 종결된 이후 독일이 당한 모욕에 불만을 품었고, 바이마르 공화국의 지도자들에게 책임을 물어야 한다고 생각했다. 또한 독일 정부는 독일 민족을 중부 유럽 전역으로 분산시키려는 베르사유 조약을 거절하고, 통일된 국가를 회복해야 했다. 라첼이 공간뿐 아니라 무역, 사회, 인구에 의해 국가가 결정된다고 보았던 반면, 하우스호퍼는 정치 행위의 요소로 오직 공간

● 제2차 세계대전 이후 소련의 세력 팽창에 대항하기 위해 미국이 소련과 동유럽 국가에 취한 외교정책. 공산주의 진영에 대항하기 위해 전쟁이라는 직접적인 무력 수단보다는 주위를 둘러싸서 포위하면 소련이 저절로 붕괴하게 될 거라는 생각에서 수립된 정책으로, 냉전의 발단이 되었다.

●● 나치 독일의 부총통을 역임했던 나치당의 핵심 인물이자 아돌프 히틀러의 부관

만을 중요하게 보았다. 그에게 공간이란 역사를 넘어서는 것이었다. 독일 제국은 독일어를 사용하는 모든 민족이 집결되는 장소여야 했다.

그는 유럽이라는 공간은 독일에 의해, 독일을 위해 정비되어야 하며, 독일이 규모가 작은 국가들을 통제해야 한다고 생각했다. 독일은 과잉 인구를 분산시키고 천연자원을 획득하기 위해 생존공간이 필요했다. 그 목적은 자급자족 체제를 구축하고, 이를 위해 독일 민족의 중요성에 부합하는 공간을 확보하는 데 있었다. 이것은 영국의 범세계적인 자유주의적 관점과는 대립되는 것이었다. 조직적인 정비가 가장 부족한 국가들(폴란드, 서부 러시아)은 지도에서 삭제되어야 하며, 그와 반대로 독일어권의 이웃 국가들(네덜란드, 플랑드르)에게는 특권적 지위를 허용해야 한다고 생각했다. 프랑스와 영국과 같은 서유럽 국가들은 존속하겠지만 그 세력은 약화되리라고 예측하며, 이탈리아와의 연대와 작은 민족국가의 수립을 주장했다. 이에 반해 조직화가 불가능한 유대인과 보헤미아인들은 없어져야 할 민족이라는 것이 그의 생각이었다.

카를 하우스호퍼는 자급자족이 가능한 집단을 중심으로 세계가 조직화되어야 한다고 생각했다. 범지역pan-region*은 국제 분업에 의

● 하우스호퍼는 세계를 4개의 거대한 '범지역'으로 나누어 아메리카 대륙은 미국이, 유럽과 아프리카는 독일이, 유라시아는 러시아가, 동아시아는 일본이 지배하는 세력 재편을 주장했다.

해 강력한 국가가 지배하게 될 것이라는 예측도 내놓았다. 그리고 이 방식에 따라 독일은 유럽과 아프리카를 조직할 것이고, 유라시아 대륙은 동쪽 경계선으로 그 범위가 제한되어야 하며, 이 경계선 동쪽의 아시아는 일본이 맡게 된다. 그리고 이 3개 지역은 범아메리카 지역과 균형을 이루게 된다는 것이 그의 구상이었다. 하우스호퍼는 러시아에게 아시아의 강대국으로 남아야 한다고 강요하며, 영국을 무너뜨리기 위해서는 러시아와 독일의 연합이 필요하다고 주장했다. 또한 유라시아의 한 블록은 독일과 통일을 이루어야 하고, 러시아와 일본은 영국에 대항하여 연합할 것이라고 예측했다. 하지만 독일과 소련의 협정이 파기되면서 하우스호퍼는 독일을 유일한 중심 국가 세력으로 설정했던 자신의 이론을 수정해야 했다. 그는 독일이 그렇게 광대한 영토를 통제할 수 없다는 것과 양쪽 국경을 동시에 지킬 수 없다는 사실을 염려했다.

결론적으로 하우스호퍼는 독일과 소련의 협정이 파기되었다는 사실을 인정하지 않았다. 그는 뉘른베르크 재판에서 헤스에게 반대하는 증언을 했지만 결국 나치즘의 지정학자로 간주되어 1945년에 대학에서 추방되었고 그 다음 해에 자살했다.

기자로 활동하다가 예일 대학의 교수가 된 니콜라스 스파이크맨 Nicholas Spykman은 1930년대까지 미국의 안보 정책은 미국에 불리하게도 지리적인 요소들을 간과했다고 생각했다.《외교 정치지리학》(1938)이라는 저서에서 그는 한 국가가 세계적, 지역적으로 차지하는 위치와 크기가 그 나라의 외교정책에 미치는 영향을 분석했다. 강대국이 소유한 힘의 주된 요소는 중심부가 주변부를 효과적으로 통치하고, 주변부와 소통할 수 있는 효과적인 시스템을 갖추는 것이다. 그는 정치적 현실주의 이론가가 되려고 했다. 그는 (육지와 바다가 연결되는) 림랜드Rimland라는 개념을 만들었는데, 서유럽과 중동, 남서 아시아, 중국, 극동 아시아가 여기에 포함된다. 이곳은 세계적인 교환이 이루어지는 주요 지역으로, 성장하는 주변부를 의미한다. 스파이크맨은 림랜드를 소유한 국가가 유라시아 대륙을 지배할 것이며, 유라시아를 통치하는 세력이 세계의 운명을 좌우하게 될 것이라고 생각했다. 세계의 헤게모니를 열망했던 근대사의 3개 세력들, 즉 나폴레옹, 윌리엄 1세, 독일은 모두 림랜드에서 나왔다.

스파이크맨은 미국을 위한 보안경계선을 그렸는데, 지속적인 경고의 경계선으로 베링해협에서 하와이, 갈라파고스섬에서 이스터섬, 그리고 마젤란해협에서 포클랜드제도를 잇는 세 개의 축을 지적했다.

중국은 극동 아시아에서 지배적인 세력이 될 것이며, 소련은 유럽의 거대 세력이 될 거라고 스파이크맨은 예언했다. 또한 인도와 미국이 세계 2대 강국이 될 거라는 전망도 내놓았다.

::

프랑스에서는 자크 앙셀이 지정학 연구의 시초가 되었다. 앙셀은 지정학이 인간 집단, 그리고 그 집단이 산, 강, 연안지대, 사막 등의 지형에 맞추어 살아가며 군사적, 정치적, 상업적인 발전을 이루어나가는 영토와의 관계를 분석해야 한다고 보았다. 앙셀의 주장에 따르면, 경계선을 만들어내는 건 자연이 아니라 오히려 인간이다. 지형적인 변화가 있다고는 하지만, 그것은 정치 세력이 극복하지 못할 장애물은 아니라는 것이다. 그래서 앙셀은 모든 지리 결정론에 반대했다. 그리고 "경계선은 고정적이라기보다는 유동적이며, 엄격하기보다 유연하며, 지속적이기보다 일시적이다."라고 평가했다. 그는 프랑스 혁명의 이데올로기에 찬성하는 지역과 독일의 영토팽창주의에 직면하고 있는 프랑스 영토를 보호하려고 했다.

발칸반도의 루이 프랑세 데스페레Louis Franchet d'Esperey의 정치뿐 아니라 부를 책임지는 참모로, 앙셀은 민족-국가와 영토 간의 관계에 대해 숙고했다. 《지정학Géopolitique》(1936)과 《국경의 지리 Géographie des frontières》(1938)라는 두 저서에서 그는 국가가 자연적인 환경, 물리적 결합뿐 아니라 과거에 의해 만들어진 생명체 유형이며 조화로운 결합이라고 서술했다.

그러나 이 '권위 있는' 학자들은 국제적인 문제를 다소간 이론적으로 접근했다. 그들이 세운 이론이라는 것은 지적으로는 매우 매력적이었지만 국제관계의 현실에 적용하는 데에는 한계가 있었다.

그들은 지리적 기준을 재평가한 공로는 있지만, 지정학적인 선택에서 결정적일 수 있는 정치적, 전략적 요소와 그 밖의 다른 요소들을 간과하면서 지리적 기준만을 과대평가했다.

CHAPTER 4
지정학,
명예를 회복하다

프랑스에서는 몇 가지 요소들이 서로 결합하여 지정학의 발전을 저해하고 있었다. 다른 나라에서와 마찬가지로 나치즘과 관련된 역사협회는 강력한 장애물이었다. 그러나 나치즘 이전에도 이러한 현상을 설명할 수 있는 다른 원인들을 발견할 수 있었다. 19세기 후반 초기 지정학자들 대부분은 범게르만주의 사상에 심취해 있었고, 이것은 프랑스에서 상당한 반발을 일으켰다. 더구나 프랑스로서는 자신의 사상적 기준이 공화국 시민권에 가치를 둔 역사적 산물로서 보편적인 것이기를 바랐다. 프랑스에서는 독일과는 반대로 민족 이전에 국가가 존재한다고 보았다. 보편주의적 가치가 문명화라는 임무를 가장해서 식민 정치를 합리화했듯이, 민족 자결권이라는 명목으로 국경을 확장하는 행위가 정당화된다. 프랑스에서 지정학은 역사의 그늘 속에서 존재해왔다.

::

1976년 이브 라코스트는 제3세계와 혁명 관련 전문 출판사인 마스페로에서 《지리학, 전쟁을 하는 데 쓰이다La Géographie, ça sert, d'abord, à faire la guerre》를 출간하며 충격을 불러왔다. 이 책은 폭탄선 언과도 같았지만 많은 이들이 잊고 있던 사실을 다시 환기시켰다.

지리학의 전형적인 표현 형태인 지도에는 전략과 전술을 세우는 데 필요한 모든 정보가 실려 있어야 한다. 지도는 원래 군 장교들에 의해, 군 장교들을 위해 만들어졌다(군 참모지도). 지도 제작이라는 것은, 말하자면 잘 알려져 있지 않은 어떤 구체적인 것을 유효하고 신뢰할 수 있는 추상적인 표시로 전환하는 것인데, 그것은 어렵고 오랜 시간이 걸리며 비용이 많이 드는 작업으로, 애초에 오직 국가만이 수행할 수 있는 것이다.•

이브 라코스트는 당시 프랑스 지식인들 사이에서 나치 이론과 동일시되며 잘못 알려져 있던 지정학의 정치적 명예를 회복시켰

• *La Géographie, ça sert, d'abord à faire la guerre*, Yves Lacoste, La Découverte, 1985.

다. 제3세계 전문가인 그를 국제관계에 대해 '우파적' 해석을 한다고 비난할 수는 없다. 라코스트 덕분에 지정학은 정치적으로 명예를 회복하게 되었고, 특정 민족을 지배하기 위한 정치적 기획이 아닌, 세계를 이해하게 하는 지적인 학문으로 거듭났다. 지정학 이론이 1930년대 독일의 팽창주의를 뒷받침하는 논거에서 중요한 위치를 차지했던 것은 사실이다. 다른 학문 분야(생물 역사와 의학 역사)와 특정 문화 분야(음악, 영화) 또한 독일의 제3제국(히틀러가 권력을 장악한 시기의 독일 제국)에 의해 이용되었는데, 이는 전 세계적 반감을 일으키지는 않았다. 하지만 지정학은 권력을 연구하는 학문인 만큼 전쟁이나 나치의 팽창주의와 동일시되었다. 나치즘이 지정학을 이용한 것은 확실하지만 특정한 관점에서 그랬던 것이기 때문에 이로 인해 학문 전체를 거부해서는 안 되었다.

1960년대 후반과 1970년대 초반에는 남미의 원뿔꼴 지역(아르헨티나, 브라질, 칠레)의 군부 세력들이 지정학에 관심을 갖게 되었고, 이 지역에 억압적인 군부 독재 세력이 들어서면서 지정학은 또다시 불신을 받을 위험에 처했다(칠레의 군부 세력이었던 아우구스토 피노체트Augusto Pinochet는 지정학 교수였다).

이브 라코스트는 지정학이 나치 이론과 동일시되었을 뿐 아니라 미국과 소련의 경쟁 구도에서 그리고 냉전으로 인해 시련을 겪었다고 평가하며 다음과 같이 말했다.

쿠바와 베트남 전쟁에 관하여, 모스크바나 워싱턴에서 그것은 지정학적 혹은 심지어 전략지정학적 문제였다고 언급하는 것은 말도 안 되는 것이다. (…) 마찬가지로 아프리카에서는 식민지 해방 시기에 영토에 관한 문제, 즉 지정학적 문제들을 거론하는 것을 피했을 것이다. 왜냐하면 새로 건립된 국가의 국경이 식민통치자들이 남긴 한계선에서 벗어나지 못했기 때문이다.

국경, 영토에 관한 문제가 더 이상 이데올로기에 가려지지 않고 다시 부상한 것은 1978년에서 1979년에 공산국가인 중국과 베트남이 국경선을 두고 벌인 전쟁과 1980년에서 1988년에 걸쳐 이란과 이라크가 영토 문제로 전쟁을 치른 이후였다.

냉전 말기에는 지리경제학이 지정학을 계승할 수 있으리라는 의견이 나왔다. 더 이상 두 진영이 군사적으로 충돌할 것이라고 전망하는 사람들은 없었다. 세계가 경제 경쟁에 들어선 것이다.

미국의 지정학자 에드워드 루트왁Edward Luttwak은 새로운 세계 질서를 언급하며, 국가의 주요 권력 수단으로서 경제적 무기가 군사적 무기를 대신하게 될 수 있으리라고 예상했다. 그에 따르면 "경제적 우선순위들이 더 이상 수면 아래 있지 않고 최우선 계획으로 부상하고 국제적 교류로 평화가 정착되면서 군사적 위협과 동맹은

그 중요성을 잃어버렸다."•

지리경제학은 국가의 경제 질서 전략에 대한 분석이라고 볼 수 있다. 국가는 자국의 경제를 보호하고 발전시키기 위해, 민감한 기술을 터득하기 위해, 그들의 상업 경쟁력을 향상시키기 위해, 또한 외부 시장을 공략하고 전략적 경제 활동 분야를 결정하기 위해 기업들과 연합하여 행동할 것이다.

이것은 진정한 혁명인가? 우리는 진정으로 하나의 세계에서 다른 세계로 넘어가고 있는 것인가? 지정학에 어떤 개념이나 이론을 추가하거나 지정학을 대체할 새로운 학문을 정의한다는 사실은, 세계가 냉전에서 승리한 서구 사회의 조용한 지배 속에서 평화롭게 유지되고 있다는 망상을 키우고 있던 당시의 상황을 잘 보여준다. 그 당시는 프랜시스 후쿠야마Francis Fukuyama의 《역사의 종말》에 소개된 이론이 인정받는 시대였다. 그의 이론에 따르면, 서구 세계의 시장경제와 자유민주주의는 역사의 유일한 대안이므로, 더 이상의 충돌은 일어나지 않을 것이었다. 헤겔 철학의 의미로 볼 때 역사는 끝났다는 주장인 것이다. 그 후에 발생한 일련의 사건들은 서구 세계의 이 자신만만한 이론을 산산조각냈다. 전략적 충돌은 냉전 시대와는 다른 형태로 여전히 무겁게 잔존하고 있다.

한편, 경제적 경쟁은 언제나 지정학적 대립에서 전략의 일부분이

• "From Geopolitics to Geo-economics", *The National Interest*, sommer 1990.

었다. 봉쇄정책부터 유리한 대우를 부여하는 문제가 항상 전략적 관건인 최혜국의 조항까지, 원자재를 통제하기 위한 전투는 물론이고, 식민지 정복 시대에 시장을 강제로 은폐하기 위한 강권정치부터 소련에 대한 두려움으로 유럽 공동시장을 건설하기까지, 경제와 전략은 항상 긴밀하게 연결되어 있었다. 그러나 경제적 경쟁은 본질적으로 전략적 대립의 일부이며, 전략적 경쟁을 대체하는 것은 아니다.

::

헨리 키신저Henry Kissinger와 즈비그뉴 브레진스키Zbigniew Brzezinski는 냉전 기간 동안 가장 주목받은 두 명의 미국 지정학자이다. 두 사람은 모두 유럽 출신으로, 각각 공화당과 민주당 행정부에서 일했으며, 자신의 이론을 실제 행동으로 옮겼다.

키신저는 닉슨이 두 차례에 걸쳐 대통령으로 재임하는 동안 안전보좌관을 거쳐 국무장관에 임명되었다.

그는 미국인들이 믿고 있는 도덕적인 시각과 단절하기를 원했다. 미국인들은 국가적 이익에 대해 언급하기를 꺼려하며, 동서대립을 악에 맞서는 선의 투쟁으로 여기고 있었다. '레알폴리티크Realpolitik'●의 신봉자였던 키신저는 균형이라는 개념을 믿었다. 비

● 이념보다는 권력·실리에 기반을 둔 현실주의 정책

엔나 회의에서 발표한 논문에서 그는 19세기에 유럽 대륙이 평화 속에 살 수 있었던 것은 유럽 권력 간 힘의 균형 때문이라고 평가했다. 미국에 널리 퍼져 있던 생각과는 반대로, 그는 유럽을 제1차 세계대전으로 몰고 간 것은 레알폴리티크가 아니라 오히려 그것을 포기했기 때문이라고 생각했다. 그는 열렬한 반공산주의자였지만, 베트남 전쟁으로 미국이 상대적으로 약화되면서 소련과 잘 지낼 수밖에 없다고 정세를 분석했다.

키신저는 소련이 외부적으로 온건한 태도를 취하는 한 그들의 정치체제에 대해 평가하기를 원하지 않았다. 그는 "어떤 권력이 추구하는 절대적 안정은 다른 권력들에게는 절대적 불안정이 된다."라고 생각했다. 따라서 그는 안정과 상대적 불안정을 적절히 배분하는 태도를 적극 지지했다. 그러한 태도는 힘의 균형과 대화를 통해 균형이 유지되는, 협상의 가능성을 내포하고 있었다. 두 초강대국은 그들의 관계를 안정적으로 유지할 수 있고, 핵무기의 확장을 제지할 수 있으며, 또한 지역적 분쟁(베트남, 중동)이 퇴보하는 것을 막기 위해 국제적 전략의 균형을 안정시키는 데 함께 노력할 수 있었다. 키신저는 "미국과 소련은 이데올로기적 적수이지만, 긴장의 완화와 바꿀 수 있는 건 없다. 핵무기 시대는 그들에게 공존을 강요했으며, 수사학적 십자군은 아무것도 바꿀 수 없다."라고 주장했다. 소련과의 정치적 긴장 완화를 위해서, 그는 자유와 민주주의에 대한 이데올로기적 전투에서 기세를 누그러뜨렸을 것이다. 키신저에게는 레알폴리티크가 국제적인 평화와 안정에 대한 확신을 가져다 줄 수 있는 가장 좋은 수단이었다.

미국은 상대 적수를 견제하고 긴장감을 줄이려고 노력함으로써 그들의 전략 계획에 억제와 한시적 공존을 동시에 포괄해야 했다. 하지만 베트남 전쟁이 캄보디아로 확대된 것이나 칠레에서 피노체트의 쿠데타를 지지한 것에서 볼 수 있듯이, 헨리 키신저가 주도한 몇몇 전략으로 인해 레알폴리티크는 인권을 거스르는 비도덕적인 정치로 전락하고 말았다.

폴란드 출신인 브레진스키는 완강한 반소련의 성향을 가지고 있었다. 그는 1977년부터 1981까지 지미 카터 대통령의 국가안보 담당보좌관을 역임하며, 민주주의와 미국 정치의 큰 축인 개인의 자유 수호를 위해 싸웠다. 이로 인해 미국은 라틴아메리카의 군부 체제에 대한 지원을 중단했고, 이란 혁명에 강제로 맞서지 않는 동시에 소련과 함께 이러한 이슈에 대해서도 좀 더 전통적인 전략을 취하게 되었다. 소련의 아프가니스탄 침공 이후 브레진스키는 가장 급진적인 이슬람주의자들이 활동하고 있는 아프가니스탄의 무장 저항 세력을 돕는 데 기여했다. 그에게 가장 주요한 위협은 소련이므로 이슬람 지지 세력과 전략적인 측면에서 한시적으로 연대할 수 있다고 생각했다. 냉전 말기에 그는 분명 소련의 붕괴를 자축했을 것이다. 왜냐하면 우크라이나 없는 러시아는 더 이상 위협적인 강대국이 되지 못한다고 생각했기 때문이다. 무엇보다 그는 포괄적인 전략적 변화에 의해 위험에 처한 미국의 지도력을 어떻게 유지할지 자문했다. 그는 이전의 강대국들이 지역적이었다면 미국이야말로 글로벌 시대의 첫 강대국이라고 생각했다. 미국은 전략, 경제, 기술 그리고 넓은 의미로 문화라는 권력의 4개 영역에서 경쟁의 선두를 지키고 있다고 여겼다. 하지만 그에 따르면 이 리더십을 유지하기 위해서 미국은 다른 국가들이 이를 받아들일 수 있게 만들어야 했다. 즉, 강요가 아닌 자발적인 동맹을 만들어낼 줄 알아야 했다. 다시 말해 미국은 신념보다는 이해관계에 의한 다자주의를 지지했다.

동서분열이 막을 내린 이후 소프트 파워Soft Power라는 개념을 주장한 조지프 나이Joseph Nye에 이어 프랜시스 후쿠야마와 새뮤얼 헌팅턴Samuel Huntington과 같은 저자들이 정신적인 개념을 내놓았다. 후자에 속한 두 사람은 냉전 이후의 세계에 대해 다른 해석을 내놓았는데, 후쿠야마의 《역사의 종말》이 낙관적이었다면 《문명의 충돌》을 말한 헌팅턴의 전망은 비관적이다.

만약 이들을 모두 지정학자로 분류할 수 있다면, 그것은 지정학에 대한 인식이 바뀌었기 때문이다. 그들은 맥킨더나 하우스호퍼와는 지적 연속선상에 있지 않다. 그들의 접근 방식은 훨씬 실용적이며, 실제 정치적 사건들과 결부할 수 있는 발전된 개념을 가지고 있다.

::

    현 세계의 지정학은 무엇인가? 국제관계란 어떤 것인가? 세계화로 인해 물리적 국경이 의문시되고 학문의 경계가 재평가되고 있는 현재 시점에서 이 질문에 대답하기는 쉽지 않다. 도널드 트럼프의 당선은 단지 미국의 국가적 정치 사건인가, 아니면 세계적인 사건인가? 시진핑 권력에 대한 평가는 어떠한가? 페레스트로이카란 무엇인가? 남아프리카에서 인종차별 정책의 종말은 어떻게 될 것인가?

    '지정학적' 논리에 초점을 맞추면 지리학적 요소들을 내다볼 수 있다는 장점이 있었다. 물론 그렇다고 지리적 요소들로 어떤 '결정론'을 도출해서는 안 된다. 독일과 프랑스가 지리상 근접해 있는 이웃이라는 사실 때문에 그들이 동맹이 되거나 적이 되지는 않는다. 동맹 관계 혹은 적대적 관계는 그들의 정치적 선택에 달려 있고, 그 정치적 선택은 국경을 마주하고 있기 때문에 더 많은 결과를 가져올 수 있다.

    오랫동안 국제 관계는 국가 간 관계라는 협소한 범위 안에서 인식되었다. 현재는 이 논리가 너무 단순했다는 사실이 인정되고 있다. 빈 라덴, 구글, FIFA, 국제 앰네스티, 튀니지의 시위자들, 이 모두는 국가가 아니다. 그럼에도 불구하고 그들의 행동은 국제 무대에서 현실적인 무게를 가지고 있다.

현 세계를 이해하기 위해서는 역사, 지리학, 사회학, 법, 경제 그리고 정치학 등 여러 분야의 도움을 받아야만 한다. '지정학'이라는 단어는 이제 일상용어가 되었으며, '국제관계'라는 말 대신 더 많이 사용되고 있다. 이제 지정학이 세계를 이해하는 방법이라는 것을 인정할 때가 되었다.

2부

지정학이
마주한
세계의 문제들

CHAPTER 1
국제사회는
없다

– 글로벌 거버넌스*의 부재

1990년에서 1991년에 걸친 걸프전이 끝나자, 낙관론의 예측이 맞는 듯 보였다. 냉전은 막을 내렸고, 베를린 장벽은 허물어졌으며, 유럽 내의 동서대립도 사라졌다. 처음으로 집단 안보와 관련된 유엔 헌장의 규정들이 원칙대로 적용되었다. 전쟁을 도발하는 행위는 정당화되었고 실제로 합법적이었다. 유엔 안전보장이사회가 결정해서 이라크에 전쟁을 선포했고, 이 전쟁으로 당시 이라크에 합병되어 있던 쿠웨이트가 해방되었다. 마침내 세계평화를 책임지는 유엔 헌장이 그 임무를 완수하기를 기대할 수 있게 되었다. 지금까지 그것을 방해하던 냉전은 더 이상 존재하지 않았다.

● 세계적인 차원에서 규칙을 수립하는 초국가적 규제 방식

그때까지 초강대국들은 동맹국이나 자국을 보호하기 위해 유엔 안전보장이사회에서 거부권을 행사해왔다. 소련은 이라크와 동맹 관계였지만 다른 회원국들과 같이 이라크에 반대표를 던졌다. 조지 부시 대통령은 새로운 세계 질서, 새로운 세상의 도래를 축하하며 다음과 같이 말했다. "냉전의 교착 상태에서 벗어난 유엔이 그 설립자들의 역사적 비전을 실현할 수 있게 되었으므로, 이제 세상의 모든 국가에서 자유와 인권이 존중될 것입니다." 하지만 이런 바람은 그리 오래 가지 않았다. 국제적 협력으로 모든 이익을 챙긴 미국은 1991년 7월 G7 정상회담에서 고르바초프Mikhail Gorbachv가 요청한 경제 원조를 거절했다. 실패한 쿠데타는 그의 권력을 종식시켰고, 1991년 12월 소련의 붕괴를 가져왔다.● 미국은 앞장서서 새로운 세계 질서를 만들어내는 것보다 냉전의 승리자가 되기를 원하고 있었다. 그리고 1990년대를 더 이상 경쟁자 없이, (중심이 오로지 하나인) 단극화된 세계에서 살기를 바랐다. 보리스 옐친Boris Yeltsin은 서구 세력과 쉽게 타협하는 모습을 보이면서 1991년에서 2000년 사이에 국내총생산이 절반으로 줄어드는 쇠퇴의 길로 러시아를 몰고 갔다. 21세기 초부터 푸틴은 러시아의 역량을 복구하는 데 주력

● 소련 공산당의 보수 강경파는 1991년 8월 고르바초프의 개혁을 저지하기 위해 쿠데타를 일으켰다. 시민들의 격렬한 저항으로 쿠데타는 3일 만에 실패로 끝났지만, 이후 고르바초프의 세력은 급속도로 약화되었다. 마침내 12월 25일 고르바초프는 쿠데타 저지의 주역인 옐친에게 권력을 넘겼고, 다음 날인 26일 소련 최고회의는 소련의 해체를 공식 선언했다.

했는데, 그는 에너지 원재료가 활발하게 유통되며 유통량이 증가하는 당시 상황을 적절히 활용했다. 2001년 9월 11일(9.11 테러)이 남긴 상처로 국제 정세를 정확히 판단할 수 없었으며, 그저 초강대국의 확신으로 가득 차 있던 미국은 아무런 합법적 근거 없이 2003년 이라크와 전쟁을 시작했다. 1990년의 걸프전과는 달리 이라크전은 논란의 여지가 있었고, 결국 전 세계적으로 미국의 평판을 크게 실추시킨 전략적 실패로 드러났다.

새롭게 부상한 강대국들은 미국이 주도권을 잡고 있는 유엔 안전보장이사회의 구성이 현재의 시대 상황과 맞지 않는다고 여기고 이의를 제기했다. 유엔 안전보장이사회를 좀 더 적법하고 실효성 있는 기관으로 만들기 위해서는 5개의 상임이사국을 새로 선출하여 확대할 필요가 있었다. 코피 아난Kofi Annan 전 유엔 사무총장은 2005년 일본, 인도, 남아프리카공화국, 브라질, 그리고 독일에게 안전보장이사회에 합류할 것을 제안했지만, 미국과 중국은 이 안건에 거부권을 행사했다. 세계적 기구의 적법성과 실효성이 강화되는 것을 원하지 않았기 때문이다.

공산주의자들과 서구 세계 간의 이념적 대립은 더 이상 존재하지 않지만, 국가 간의 경쟁은 여전히 남아 있으며 치열하게 진행되고 있다. 우리는 1990년 미국의 분석가 프랜시스 후쿠야마가 예측했던, 전 세계에 미국식 자유민주주의가 자리 잡는 역사의 종말 단계에 들어서지 못했다. 정확한 의미에서 국제사회는 없었다. 모두에게 공동인 세계적 공간은 있지만, 인류 앞에 놓인 거대한 과제들을 공동으로 해결하려는 정치적 의지는 없었다. 우리가 '국제단체'를 환기시키려 할 때는, 극히 예외적인 경우를 제외하고, 주로 당면한 문제를 해결하는 데 실패한 경우일 것이다(지구 온난화에 맞서기 위해 2015년 12월 파리 기후변화협약에 서명한 것은 주목할 만한 일이다). 마찬가지로, 경제의 세계화로 인해 수억 명이 빈곤에서 구제되었지만 실제로 전 세계적 경제 거버넌스는 없었다. 국제통화기금(IMF)이 2008년의 금융위기를 예측하지는 못했지만, 금융위기가 재앙으로 전락하는 것을 막는 데는 유용했다. 세계무역기구(WTO)가 시작한 협상 라운드들은 포괄적인 무역자유화협정으로 이어지지 못했다. 미국에 견줄 만한 세력이 없으므로 세계는 아직 다극화 양상을 띠지 못한다. 하지만 (조지 부시가 생각했던 것처럼) 단극화된 상황이라고 단정 지을 수도 없다. 어떤 국가도 그 국가가 가진 권력과 관계 없이 지구상의 나머지 나라에게 자신의 의제나 규칙을 강제할 수 없기 때문이다. 세계는 글로벌화되었고, 권력은 세분되어 있다. 상호의존하는 세계에서는 다자주의가 전체적인 과제를 해결하기 위한 답이 될 수 있다. 2015년 12월 파리 기후변화협약(제21차 유엔 기후변화협약 당사국총회, COP21)에서 여러 상황이나 다양한 이해관계에도 불구하고 모든 나라들이 지구 온난화를 막기 위한 강제적인 조항에 동의했다.

하지만 다자주의는 위기에 처해 있다. 세계 최강대국인 미국이 이에 동의하지 않고 있고, 다른 두 강대국 중국과 러시아도 지극히 이기적이며 비협조적인 해석을 내놓고 있기 때문이다.

냉전 시대에 비해 위기와 분쟁의 횟수, 그에 따른 희생자는 줄었을지 몰라도 현재의 국제 상황은 여전히 글로벌 거버넌스의 부재를 잘 보여주고 있다.

요약

초기의 희망과는 반대로 냉전의 종말은 새로운 세계 질서로 이어지지 못했고, 집단적 안전을 위한 진정한 시스템도 마련하지 못했다. 국가 간의 대립은 여전히 존재하며, 이는 위기의 근원이 되고 있다.

CHAPTER 2

예측할 수 없는 위협

— 테러리즘

2014년 6월, 이라크 레반트 이슬람국가(IS)는 시리아와 이라크에 걸친 20만 제곱킬로미터의 영토에 테러리스트 국가를 세웠다. 테러 집단이 영토 기반을 마련한 것은 처음이었다.

테러리즘은 분명 언론에서 가장 자주 다루는 전략적 주제로, 서구 국가들의 안전에 부담을 주는 주요 위협으로 소개되고 있다. 2015년 1월 발생한 시사주간지 〈샤를리 에브도Charlie Hebdo〉와 슈퍼마켓 하이퍼 캐셔에 대한 공격은 거대한 감정의 동요를 불러왔고, 이는 프랑스에서 수백만 명이 모이는 대규모 시위로 이어졌다. 그럼에도 불구하고, 2015년 11월 13일과 2016년 7월 14일에 각각 130명, 86명의 사망자를 낸 테러가 또다시 발생했다.

테러는 벨기에와 스페인 그리고 미국에서도 이어졌다. 그러나 더 이상 서구 국가만이 테러의 희생이 되지는 않을 것이다.

비서국 국가의 여론은 이 문제에 크게 관심을 두지 않지만, 이 국가들 역시 테러의 표적이 될 수 있다. 특히 터키, 튀니지, 러시아, 코트디부아르, 말리, 나이지리아, 시리아 그리고 소말리아도 테러로 심각한 타격을 입었다.

테러로 인한 피해와 그에 대한 대응에는 큰 차이가 있다. 서구의 언론과 대중들에게 테러리즘은 소련을 대체하는 주요한 위협 요소로 인식된다. 그럼에도 테러리즘은 서구의 존재 자체에 의문을 제기하지는 않는다. 테러리즘은 어떤 권력이 아니라 행동 수단이기 때문이다. 오바마 대통령은 다음과 같이 선언했다. "트럭 뒤에서 공격하는 무리들, 아파트 혹은 차고에 숨어서 모의를 꾸미는 불량한 생각들은 시민들에게 큰 위협이 되지만, IS가 원하는 만큼 미국 사회의 근간을 뒤흔들 핵심적 위협 요소는 아닙니다." 시간과 장소를 불문하고 테러가 발생할 수 있다는 사실은 분명 실제적인 위협에 비해 지나치게 큰 불안감을 야기한다. 어쩌면 모든 나라의 국민들을 기차, 학교, 상점 등 그들의 일상적인 공간에서 공격할 수도 있다. 테러리즘은 전투원과 비전투원을 구분하지 않으며, 전 세계를 전쟁터로 만든다. 전쟁 등의 다른 위협에 비해 테러 행위로 발생하는 사망자의 수는 제한적이지만, 테러리스트들이 활동하는 무대에는 제약이 없다. 레이몽 아롱은 1962년에 이미 다음과 같이 썼다. "테러는 심리적인 효과가 물리적인 현실과 비례하지 않는 폭력 행위이다."

예상과는 달리 2001년 9월 11일 발생한 사건(9.11 테러)은 지정학적 단절을 가져오지는 못했다. 각 강대국들의 위치에는 국제적 역학 관계를 넘어서는 변화가 없었다. 하지만 이 사건은 국제 사회의 이목을 집중시켰으며, 저 멀리 고립되고 낙후된 나라에서도 세계 최강 대국의 심장을 타격하는 공격을 조직할 수 있음을 보여주었다.

테러리즘은 상대방의 군사력과 정면충돌하는 것을 피하기 위해 동원하는 비대칭전*의 한 형태이다. 서구 국가들은 그들의 군사력 덕분에 외부 위협에 대해 거의 두려움을 느끼지 않는다. 하지만 테러 행위에 대한 보안 문제는 여전히 그들에게 주요한 약점으로 남아 있다.

테러리즘을 한 가지로 정의할 수는 없다. 아무도 동의하지 않겠지만 테러리스트라고 불리는 이들은 스스로를 레지스탕스라고 생각한다. 식민지 전쟁 동안 유엔은 독립을 쟁취하기 위한 무력 행사의 가능성을 인정했다. 하지만 이것은 식민지 세력에 대항하기 위한 군사적 행동에 국한된 것이지 민간인을 상대로 하는 테러 행위를 의미하는 것은 아니었다.

테러에 대한 다음 정의는 불완전하나마 많은 이들이 공감할 수 있을 것이다. 테러리즘은 정치적 행위이며(따라서 범죄적 혹은 경제적

● 상대방이 효과적으로 대응할 수 없도록 하기 위해 상대방과 다른 수단, 방법, 차원으로 싸우는 전쟁 양상

동기에 의해 결정되지 않는다), 폭력적 행동 방식으로 나타난다(선전 선동이나 이데올로기적 언쟁에 관한 것이 아니다). 또한 불특정한 방법으로 민간인들을 괴롭힌다(상대편의 군사력만을 목표로 하지 않는다).

하지만 테러의 정의에 대해 의견이 일치되지 않는 주요한 부분이 있다. 테러리즘은 국가보다 하위 단계에 있는 집단의 단독 소행인가? 아니면 (민간인 폭격, 군사 공격에 따르는 민간인 피해, 민병대 암살단 등의) 테러 행위는 국가에 의해 저질러질 수도 있는 것인가?

테러리즘은 이후 서구 국가들, 러시아, 아랍과 이슬람 국가들 사이에서 가장 주요한 위협으로 인식되고 있다. 메릴랜드 대학은 전 세계적 데이터베이스를 사용하여 2016년에 발생한 테러리즘의 주요 통계를 검토했다. 그 결과 테러로 인한 사망자의 97퍼센트와 테러 공격의 8퍼센트가 중동, 아프리카, 남아시아에서 발생한 반면, 서구 유럽에서 일어난 테러 행위는 2퍼센트에 불과했다(269차례). 가장 빈번하게 공격을 당한 지역은 북아프리카와 중동이다(6,100여 차례에 가까운 공격으로 19,000명의 사망자가 발생했고, 이는 전 세계 테러 희생자의 55퍼센트를 차지한다). 전체적으로 2016년에만 13,488차례의 테러가 발생했으며, 그로 인한 사망자는 34,676명에 달한다.

테러와 싸우기 위해 일부 정권이 인권을 침해하는 수단을 사용하는 등 억압적 조치를 취하려 할 수도 있다. 어떤 사람들은 테러리즘의 이유에 대해 의문을 갖지 말아야 한다고 한다. 그것이 결국 테러 행위에 명분을 부여하고 테러 행위를 정당화할 수 있다고 여기기 때문이다. 그럼에도 만약 우리가 테러리즘을 처벌해야 한다면, 효과적으로 싸우기 위해 테러의 원인에 대해 생각해보고, 문제를 악화시키지 않는 결정을 내릴 필요가 있다. IS의 목표 중 하나는 무슬림 진영과 비무슬림 진영을 단절시키는 것이다. 특히 일부 서구 국가에서는 무슬림과 테러리스트가 결합하며 어느 정도 성과를 내고 있다. 군사적 방법만으로 이에 대응하는 것은 불충분하며, 그것은 오히려 그들이 세력을 확장하는 데 도움이 될 수 있다. 테러리즘과 맞서 싸워야 했던 2003년 이라크 전쟁이 오히려 테러리즘이 확산되는 데 상당히 기여했다. 최선의 처방전은 아직 해결되지 않은 분쟁에 대해 (부패한 정권에 맞서며 갈등이 교착 상태에 빠지는 것을 막는) 정치적 해법을 마련하는 것이다.

2016년 이후 IS는 영토의 많은 부분을 잃었다. 하지만 아직도 많은 나라가 유혈 테러 공격을 감행할 능력을 가지고 있다. 무엇보다 테러리즘이 멈추었다고 영원히 사라진 것은 아니다. 테러리즘을 끝내기 위해서는 그 원인부터 짚어볼 필요가 있다.

요약

주요한 전략적 위협이 된 테러리즘은 미디어와 심리적 측면에서 실제 효과를 훨씬 능가하는 영향력을 가지고 있다. 테러리즘과의 싸움에서는 군사적 수단보다 정치적 수단이 더 효과적이다.

CHAPTER 3

세계평화를 위한
아이러니

― 핵무기의 모순

　핵무기의 확산과 싸우는 것은 핵무기를 보유한 강대국들이 우선순위에 놓고 있는 전략적 목표이다. 그럼에도 불구하고 정작 핵 보유국들은 그들의 안보를 핵무기에 의존하고 있다.

　핵무기의 확산에 대한 두려움은 이런 종류의 무기가 개발되면서 시작되었다. 1945년 직후 미국은 소련에게 핵연료 주기*를 국제적으로 관리하는 대가로 자신들의 원자력 독점을 포기하겠다고 제안했는데(릴리엔탈-바루크 플랜),** 이는 미래에 어떤 국가도 이 무기

● 우라늄을 채광하여 에너지 생산을 위해 원자로에 장전하여 운전하고, 최종적으로 영구 처분될 때까지의 일련의 단계로 구성된 순환 과정으로, 원자력 발전의 핵심 내용이다.

●● 1946년 6월 14일 유엔 원자력위원회에서 미국의 장관이었던 버나드 바루크가 발표한 원자력 국제 관리안. 애치슨과 릴리엔탈의 보고서를 토대로 작성된 이 관리안은 전 세계가 핵무기

를 보유하지 못하게 하기 위해서였다. 유엔의 첫 번째 결의안은 포괄적이고 완전한 비핵화에 대한 요구였다.

핵 확산과 관련된 원칙은 'N+1'이다. 각국은 자신들이 핵무기를 보유하는 것이 세계 안전에 위협이 되지 않는다고 생각한다. 세계 평화를 위협하는 것은 다른 국가가 추가적으로 핵무기 클럽에 가입할 경우이다. 미국은 민주주의적 성격과 그들이 구현하는 보편적 가치 때문에 자신이 핵을 독점하는 것은 지구에 위험이 되지 않는다고 생각했다. 소련은 자신이 보유한 무기에 대한 지배력 때문에 두 최강대국 간의 균형이 유지되는 것이라고 판단했다. 이전 합의에 의해 미국은 영국이 핵 보유국이 되는 것을 저지하지 않았다.* 모스크바와 워싱턴은 중국과 프랑스가 핵 보유국이 되는 것을 막기 위해 필사적으로 싸웠다. 미국이 핵으로 향하는 프랑스의 걸음을 저지하려 애쓴 반면, 소련은 동맹국인 중국의 행보에 촉각을 세웠다. 베이징과 파리는 자신들이 핵무기 클럽에 들어가는 것이 미국과 소련 양 대국의 공동 통치 체제를 깨고 국제 사회에 새로운

제조를 중지하고, 유엔에 국제원자력개발기구를 세워서 원자력과 관련된 활동을 관리 및 통제하고 책임져야 한다는 것을 주요 내용으로 하고 있다. 하지만 정작 유일한 핵 보유국이었던 미국의 핵무기를 폐기한다는 내용이 빠져 있었고, 당시 미국과 경쟁하며 열심히 핵무기를 개발하고 있던 소련은 이 내용에 동의할 수 없었다. 결국 이 제안은 소련의 반대로 실질적인 효과를 거두지 못했다.

● 1944년 9월 루스벨트 대통령은 뉴욕 하이드파크에서 처칠 수상과 함께 일본에 대한 핵 공격을 승인하고 영국에 핵무기 관련 기술을 전수한다는 비밀 각서를 체결했다.

전략적 균형을 만드는 것이라 여겼다. 파리는 이스라엘이 핵무기를 보유하는 데 도움을 주었지만, 일단 자신이 핵무기를 갖춘 이후에는 이스라엘과 이 분야에서 모든 협력을 중단했다.

1968년 핵확산금지조약(NPT)이 체결되었다. 이 조약은 전 세계를 핵무기 보유국(1967년 1월 1일 이전에 테스트를 마친 국가들)과 현재 핵무기를 보유하고 있지 않으며 미래에도 보유할 것을 포기하지 않는 국가의 두 부류로 나누었다.

이 조약은 미국, 소련, 영국, 프랑스, 중국 5개국에게 공식적인 핵 보유국의 지위를 보장했다. 그 후에 핵무기를 보유하게 된 이스라엘, 인도, 파키스탄 3개국은 이때 NPT에 서명하지 않았다(따라서 이 국가들은 NPT 의무를 위반하지 않은 것이다). 북한은 NPT에 서명했으나 이를 파기하고 핵 보유국이 되었다. 북한은 4차례나 핵무기 실험을 감행했는데, 2011년부터는 열핵무기 실험도 이루어졌다.

핵무기 확산 방지에 대한 의지는 핵무기의 예외적인 특성과 관련된다. 핵무기는 권력을 동등하게 만들어버린다. 핵무기를 보유한 국가를 견제하기 위해서 반드시 그 나라가 가진 만큼 핵무기를 보유할 필요는 없다. 핵무기는 재래식 무기와는 달리 수의 법칙에서 자유롭다. '최고'라고 규정된 무기를 소유한다는 것이 하나의 특권인 것이다. 그 무기를 소유하는 자들은 당연히 특권을 나누어 갖는 것을 거부한다. 여기에는 모순이 존재한다. 가령 핵무기를 소

전 세계의
핵무기
보유 현황

미국
1945 ✖

대 서 양

태 평 양

핵 보유국,
핵확산금지조약 서명국

핵확산금지조약
비서명국

핵확산금지조약
탈퇴국

영국
1952 X

러시아
1949 X

북한
2003 X

프랑스
1960 X

이스라엘

중국
1964 X

인도

파키스탄

태 평 양

인 도 양

CX 핵무기 보유 시기   CX 핵확산금지조약 탈퇴 시기유한 자들은 억제력이라는 명목으로 자신들은 그 무기를 소유함으로써 안전을 보장받아야 한다고 주장하면서 다른 국가가 핵무기에 접근하는 것은 세계 안전을 위협한다고 생각한다. 최강대국들은 자국의 안전을 위해 핵무기 독점권을 소유하는 것에 정당성을 부여하고 있으나, 실제로 이 독점권으로 인해 국제적 지위의 격차는 현격히 커지고 있다. 핵무기를 단념해야 안전이 보장되는데, 모든 국가는 세계평화를 위해 자국은 핵무기를 보유해야 한다고 주장하는 것이다. 그럼에도 불구하고 핵 보유국이 늘어난다는 것은 핵무기의 오용이나 우발적 사용의 위험성이 높아지는 것을 의미한다.

최강대국들은 또한 합리적이지 않은 주장을 방패로 삼는다. 미국과 소련은 프랑스 드골 대통령이나 중국 마오쩌둥 주석이 핵 보유국을 이끌기에는 신뢰가 부족하다고 주장했다. 이러한 주장은 다른 핵무기 확산 국가들, 즉 인도, 파키스탄, 이라크, 이란 그리고 북한의 핵 개발을 반대하는 데에도 이용되었다. 하지만 핵무기를 보유하려는 국가가 경쟁자를 공격하기 위한 목적으로 핵을 개발하는 것이 아니라는 사실이 매번 입증되었다. 그들의 주요 목표는 자신들의 영토나 체제에 대한 '성역화'이다. 말하자면, 적의 공격을 억제하는 핵무기의 힘을 빌어 어떤 위협도 받지 않으리라는 보장을 받고 싶은 것이다.

만약 북한의 지도자 김정은이 불안한 모습을 보인다면, 그건 그가 이성적이기 때문이다. 그의 목표는 남한을 정복하는 것도 미국을 파괴하는 것도 아닌, 오로지 권력을 유지하는 것이다. 핵무기는 그에게 생명보험이나 마찬가지다. 더구나 핵무기는 거리라는 제약에서 벗어날 수 있다는 역설을 보여준다. 실제로 탄도미사일만 있다면 국경이 접해 있는 않은(공통 국경을 가지고 있지 않은) 국가들을 대상으로 전쟁을 선포하거나 핵 억제력을 행사할 수 있다.

따라서 핵무기는 전쟁의 개념을 뒤엎는 동시에 지정학에도 엄청난 변화를 가져왔다. 핵무기는 분쟁을 유발하지 않는 것이 확실한 영토까지도 완전히 파괴할 수 있는 위험성을 가지고 있다.

그럼에도 불구하고 핵무기의 금지를 촉구하는 움직임은 진행중에 있으며, 2017년 노벨평화상은 핵무기폐기국제운동(ICAN)에게 수여되었다.

■■■ 요약

핵 보유국들은 모순된 논리를 가지고 있다. 그들의 안전은 핵 억제력에 의해 보장되며, 핵무기를 보유한 국가의 수가 늘어나면 핵 전쟁 발발의 위험이 커진다고 생각한다. 따라서 핵 보유국들은 핵무기 확산을 막으려는 조치를 취해왔고, 비핵국가들 대부분은 점차 이러한 정책을 받아들였다.

CHAPTER 4

'역사의 종말'은
없다

- 끝나지 않는 전쟁

전쟁이 없는 세상은 오랫동안 인류의 염원이었다. 하지만 그 희망과는 달리 냉전의 종식은 분쟁이 없는 세상으로 이어지지 못했다.

1795년 칸트는 《영구 평화론Zum ewigen Frieden》을 출간했다. 18세기에 어떤 이들은 국가 간의 상업적 관계가 발전하며 '교역에 의한 평화'가 정착된다면 전쟁이 종식될 것이라고 믿었다.

국제관계에 관하여 가장 영향력 있는 영국 작가 중 한 명인 헨리 노엘 브레일스포드Henry Noel Brailsford는 1914년 봄에 출간된 자신의 저서 《철과 금의 전쟁The War of Steel and Gold》에서 "여섯 강대국들 사이에 이제 더 이상 전쟁은 없을 것이다."라고 서술했다. 허버트 조지 웰스Herbert George Wells는 같은 해에 다음과 같은 글을 남겼다. "20

세기가 동 트는 시기에 전쟁이 급속도로 사라질 수밖에 없다는 사실보다 확실한 것은 없다."

그 후 얼마 지나지 않아 제1차 세계대전이 발발했고, 그것을 '최후의 전쟁'으로 규정한 것은 잘못이었다.

베를린 장벽이 무너지고 난 뒤, 전쟁 없는 세상에 대한 환상이 다시 부상했다. 서구 세계는 전쟁의 공포에서 확실히 멀어졌다고 생각했지만, 그것은 두 번째 실수였다. 우선 전쟁이 끝난 1945년 이후를 전후세대라고 규정한 것부터가 잘못이었다. 1974년 북대서양조약기구(NATO)의 회원국인 터키와 그리스 간의 전쟁을 제외하고 유럽은 분쟁으로부터 자유로운 평화의 시기를 보내고 있었지만, 다른 대륙들은 1945년에서 1990년 사이에 4,000만 명 이상의 사망자를 낸 160여 차례의 분쟁으로 몸살을 앓았다. 그리고 1990년대 초에 유럽의 발칸반도에서 다시 전쟁이 시작되었다.

'역사의 종말'이나 '새로운 세계 질서'에 대한 이론들은 지정학적 현실에 쓸려가버렸다. 동서 간의 경쟁이 20세기 후반의 주요한 대립이었다면, 그 종말이 지구상에서 전쟁의 소멸을 뜻하는 것은 아니었다.

미국과 소련의 경쟁은 이념의 대립으로만 끝나지 않았다. 이념적 대립도 존재했지만, 제2차 세계대전의 주요 두 강대국 간에 전형적인 지정학적 경쟁이 더해졌다. 소련이 공산주의 체제가 아니었더라도, 미국으로서는 한 국가가 유라시아 대륙 전체를 지배하는 것을 바라보고만 있을 수는 없었다. 내부의 지지세력(미국 여론)과 외부 지지세력(특히 유럽 국가들)을 (자신의 통제력을 최대한 멀리까지 확장하려는) 전략적 경쟁보다는 (자유와 민주주의 수호라는) 이념적 동기에 동원하는 것이 더 수월했다. 이념적 동기는 전략적 경쟁을 은폐하기 위한 것이었다.

고르바초프가 내부적으로는 자유를 확대하는 방향으로 나아가면서 공산주의를 개혁하고, 외부적으로 좀 더 공격적으로 소련의 영토를 지키는 데 성공했더라면, 모스크바와 워싱턴의 대립은 아마도 다른 형태로 유지되었을 것이다.

그럼에도 국가 간의 대립은 공산주의가 대두되기 이전에도 존재해왔고, 공산주의가 몰락한 지금도 지속되고 있다. 분쟁의 원인은 다양하다. 영토 혹은 경제적 문제일 수도 있고, 에너지나 수자원과 같은 자원의 획득 혹은 거주민에 대한 지배를 둘러싼 갈등일 수도 있으며, 이주민들의 이동이나 군비가 잘못 확산된 결과일 수도 있다. 분쟁의 이유는 언제나 넘쳐나지 결코 없어지지 않는다.

세계화로 인해 다시 한 번 상업적 관계가 확대·발전되면서 국제적 교류가 새로운 분쟁의 출현에 대비하는 보험처럼 여겨지고 있다. 기술의 발전 또한 평화적 성격의 소명을 지닌 것처럼 소개된다. 이는 양 방향으로 작용할 수 있다. 베를린 장벽이 무너진 이후에도 유혈충돌과 대규모 학살은 결코 줄어들지 않았다.

새로운 분쟁을 막는 것은 기술이나 경제 발전이 아니라 각국 정부나 국민들이 내리는 정치적 결정이나 방침이다.

그럼에도 불구하고 겉으로 드러난 것 이상으로 실제로 분쟁이 줄었고 그로 인한 사망자 수도 감소했음을 확인할 수 있다. 1990년에서 2017년 사이에 (1년에 1,000명 이상의 사망자가 생기는) 대규모 분쟁은 13차례에서 7차례로 줄었고, 같은 기간 그보다 작은 규모의 분쟁(사망자 25명에서 1,000명 사이)도 50여 차례에서 30여 차례로 감소했다.

요약

전쟁이 없는 세상에 대한 열망은, 여러 차례에 걸쳐 그 출현에 대한 환상을 만들었다. 하지만 수차례 희망해왔던 것과는 달리, 상업적 관계나 기술의 발전은 인류가 바라던 결과를 만들어내지 못했다. 전쟁이나 평화에 대한 책임은 결국 정치적 결정에 달려 있다.

CHAPTER 5
뜨거워진 지구의
경고

– 지구 온난화

지구 온난화는 국제 안보를 저해할 수 있는 중대한 전략적 영향력을 행사하게 될 것이다.

지구 온난화는 전 세계적으로 평균 대기온도가 상승하는 것이라고 정의할 수 있다. 과학자들, 특히 기후변화에 관한 정부간 패널(IPCC)은 거의 만장일치로 지구 온난화의 원인을 인간의 활동, 특히 온실가스 배출의 증가로 보고 있다.

(석탄, 석유, 가스와 같은) 화석연료를 과도하게 사용하여 산림이 파괴된 것이 온난화의 원인으로 지목되고 있다. 그 결과 빙산의 감소, 빙하 퇴각, 기온과 바다 수위의 상승과 같은 현상이 나타나고 있다. 이런 현상은 필연적으로 농업 생산량과 수자원의 감소를 야기하고, 가뭄과 대규모 화재를 증가시키며, 토지의 일부 특히 삼각

주 지역을 침수시킬 것이다.

인간이 거주할 수 있는 토지가 고갈되면, 이는 곧 분쟁의 씨앗으로 발전할 것이다. 이처럼 기후 온난화는 지구의 생존을 짓누르는 주요한 위협이 되고 있다.

특히 비정부기구(NGO)의 활동에 힘입어 여론을 포함하여 이 현상에 대한 문제의식이 확산되고, 문제를 해결하기 위한 기술적·정치적 방법들이 제시되고 있지만 집단적인 정치 의지는 아직 부족하다. 1997년 교토의정서는 온실가스의 주요 배출국인 미국과 중국에 의해 비준되지 않았다.* 2009년 코펜하겐, 2010년 칸쿤, 2011년 더반, 2012년 도하 그리고 2013년 바르샤바에서 열린 국제회의도 구속력 있는 협약으로 이어지지는 못했다. 2015년 12월 파리 기후변화협약(COP21)에서 마침내 구속력 있는 협약이 체결되었다. 물론 그 범위가 제한적이라는 일부 의견도 있지만, 이는 온난화의 진행을 뒤바꿀 수 있었다. 특히 1년에 1,000억 달러 규모의 녹색기후기금을 조성하고, 2050년까지 지구 온난화의 증가율을 1.5퍼센트로 제한하기로 결정했다. 하지만 안타깝게도 2017년 6월 미국의

● 1997년 일본 교토에서 열린 제3차 기후변화협약 당사국총회에서 2012년까지 선진국 전체의 온실가스 배출량을 1990년 수준보다 5.2퍼센트 이하로 감축하기로 합의했다. 하지만 2001년 미국이 자국의 산업 보호를 위해 교토의정서에서 탈퇴했다. 또한 중국과 인도는 많은 온실가스 배출량에도 불구하고 개발도상국에 포함되어 교토의정서에서 배제되었다. 이에 캐나다가 2011년 탈퇴를 선언했고, 이후 2012년 일본과 러시아마저 빠지면서 교토의정서는 실효성 없는 상징적 체제로 전락하고 말았다.

트럼프 대통령은 이 협약에서 탈퇴할 것을 선언했다. 중국은 이를 지구 온난화에 대한 논쟁에서 '모범생' 역할을 하고자 하는 자신들의 의사를 재차 확인하는 데 이용했다. 2007년 노벨평화상은 엘 고어 전 미국 부통령과 기후변화에 관한 정부간 패널(IPCC)에 공동으로 수여되었다. 이는 환경보호를 전쟁과 평화에 대한 핵심 이슈로 만들려는 노벨위원회의 지정학적 메시지이다. 지구 온난화를 둘러싼 갈등은 단지 과학적 관심사나 기술적 혹은 경제적 문제가 아니다. 이는 본질적으로 전략적 문제이다. 환경이 파괴되어가는 속도를 고려할 때, 인류는 현재 직면하고 있는 테러리즘이나 대량 학살 무기의 확산 같은 전통적인 위험보다 지구 온난화에 의해 훨씬 더 심각한 위험에 빠질 것이 분명해 보인다. 전략 전문가들은 이미 오래전에 환경보존을 그들의 관심사나 추론에 반영하고 있다. 평화와 환경의 상관관계는 전 세계에 걸쳐 사실로 입증되고 있으며, 이는 국지적으로도 마찬가지이다.

아프리카의 어떤 지역에서는 점점 고갈되어가는 자원 때문에 싸움이 격화되고 있고, 가뭄으로 인해 분쟁이 발발하거나 악화되고 있다. 유엔에 따르면, 수단의 다르푸르 지역은 사막화와 함께 토지가 황폐해졌는데, 이는 오늘날 여전히 그 지역을 피로 물들이고 있는 분쟁의 원인 중 하나가 되고 있다. 해수면의 상승은 나일 삼각주의 거주민들이나 방글라데시 주민들에게 영향을 줄 것이다. 하지만 이미 팽배한 지정학적 긴장을 악화시키지 않으면서 이들이 어디로 이주할 수 있을까? 인도, 파키스탄, 방글라데시에게 물 공급원으로 필수적인 히말라야의 빙하가 녹아내리는 것은 어떤 결과를 가져올 것인가? 환경보호와 평화 간의 상호작용의 사례는 이외에도 무수히 많다.

▬▬▬ 요약

지구 온난화는 인간 활동의 산물이다. 여론은 이미 인류의 미래를 짓누르는 이 위험에 대해 인식하고 있다. 2015년 12월 파리 기후변화협약으로 마침내 거의 모든 국가의 정부들이 지구 온난화를 저지하기 위한 구속력 있는 조치를 수립하는 데 이르렀다. 하지만 그 이후에 지구 온난화의 주요 당사국 중 하나인 미국이 그 협약에 의문을 제기하고 있다.

CHAPTER 6
또 다른 이름의 전쟁

– 문명의 충돌

　　세계를 지배했으나 쇠락의 길을 걷고 있는 서구 세계는 타 문명권의 지배를 받았지만 점차 그 세력을 확장해나가고 있는 이슬람 세계와 맞서게 될 것이다.

　　'문명의 충돌'은 미국의 대학 교수 새뮤얼 헌팅턴이 1993년 〈포린 어페어Foreign Affairs〉라는 잡지에 기고한 기사에서 발전한 개념이다. 헌팅턴에 의하면, 냉전의 종식은 전쟁의 종말이 아니라 전쟁의 돌연변이를 의미하는 것이었다. 군주들 사이의 지극히 사적인 갈등의 성격을 띠던 전쟁은 프랑스 혁명을 거치면서 국가와 국가가 맞서는 형태로 변했다. 20세기의 전쟁은 자유주의에 반대하는 공산주의 혹은 민주주의와 공산주의 동맹에 대항하는 나치즘이나 파시즘과 같이 이데올로기적 성격을 띠게 되었다. 냉전 역시 이데올로기 전쟁이었다. 소련이 붕괴하며 이런 유형의 전쟁은 종지부를 찍었다. 하지만 프랜시스 후쿠야마가 역사의 종말, 즉 분쟁의 끝을 예언한 데 반해 헌팅턴은 새로운 시대, 즉 문명 대립의 시대를 알렸다.

헌팅턴은 문명을 객관적 요소(언어, 종교, 역사, 관습, 제도)와 주관적 요소(소속감)에 따른 문화적 정체성으로 정의했다. 그는 전 세계의 문명을 서구, 유교, 일본, 이슬람, 힌두, 정교, 라틴아메리카, 아프리카의 8가지 유형으로 구분했다. 진영의 변화가 가능한 이념적 전쟁과는 달리 문명 간의 대립은 근원적이다. 그는 미래의 지정학적인 축은 서구 세계와 이슬람 세계 사이의 대립이 될 것이라고 예측했다. 그는 또한 중국을 둘러싼 유교 문화권 세력의 부상을 환기시키는 동시에 서구의 지배를 전복하기 위해 유교와 이슬람 세력이 동맹을 맺으며 새로운 축으로 부상할 가능성에 대해서도 언급했다.

헌팅턴의 주장은 큰 성공을 거두었고, 지정학적 논쟁의 중심이 되었다. 그의 주장이 성공할 수 있었던 것은 동서대립이라는 세계를 이해하기 위한 과거의 열쇠를 대체하면서, 분쟁에 대한 보편적인 해석의 틀을 제공했기 때문이다. 실제로 몇몇 사건들은 문명의 충돌이라는 그의 주장을 뒷받침하는 것처럼 보였다. 베를린 장벽이 무너지고 몇 달 후 발발한 걸프전에서 사담 후세인Saddam Hussein은 서구 세계에 도전한다는 인상을 주었다. 이에 더해 1990년대 초 발칸 지역에서 서구 세력인 크로아티아인과 정교 세력인 세르비아인 그리고 보스니아인과 이슬람 세력 간에 전쟁이 벌어졌다.* 역설적이게도 발칸 지역은 냉전 기간 동안 전혀 분쟁이 없던 곳이었다.

그러나 좀 더 자세히 들여다보면 문제들이 그리 단순하지만은 않다. 걸프전에서 다수의 아랍 국가들이 참여한 국제 동맹은 사담 후세인에 반기를 들었다. 세르비아와 크로아티아의 경우 역사, 언어, 제도는 공유하고 있으나, 오직 종교에서만 분열되어 있다. 1990년대 가장 심한 유혈 분쟁인 아프리카의 내전은 같은 문명권 안에서 일어났다. 게다가 잠재적으로 가장 파괴적이고 전략적인 이해관계 속에 남한과 북한 그리고 중국과 대만은 여전히 대립하고 있다.

하지만 가장 이목을 끄는 것은 물론 이슬람과 서구 세계의 대립이며, 2001년 9월 11일 테러 이후 두 세력의 갈등에 대한 세계의 관심은 더 뜨거워졌다. 헌팅턴의 이론에는 몇 가지 오류가 있다. 직접 그의 이론을 읽은 사람보다 인용된 그의 글을 본 사람이 더 많다. 실제 알려진 것과는 달리 그가 신보수주의에 동조하는 것은 아니다. 그는 특히 이라크 전쟁을 시작한 것에 대해 조지 부시 대통령을 강하게 비판했다. 국제관계에서 현실적인 입장을 견지했던 그는 문명의 충돌을 옹호한 것이 아니고, 자신이 설명하려는 현상을 기술했을 뿐이다.

● 구 유고슬라비아 연방이 소련의 붕괴와 함께 해체되는 과정에서 세르비아계와 타민족 간에 벌어진 유고슬라비아 내전을 말한다.

그의 주장은 지나치게 결정론적이라는 점에서 비난받을 수 있다. 역사를 미리 기술하는 것은 불가능하며, 문명은 저절로 서로 대립하지 않는다. 우리가 저지르기 쉬운 또 다른 오류는, 어떤 방향으로 유도할 수 있는 정책을 추구하면서 그 가설을 부인하는 것이다. 문명의 충돌은 피할 수도 없고 피해지지도 않는다. 그리고 한 문명권의 구성원들 사이에서, 일반적인 분쟁과는 다른 형태가 드러날 수도 있다. 하지만 확실한 것은 이슬람 세계와 서구 세계는 단절되어 있으며, 그것이 현 세계의 주요한 전략적 과제 중 하나라는 점이다. 이 단절의 폭은 양측이 어떤 정치적 결정을 내리느냐에 따라 좁아질 수도 혹은 더 넓어질 수도 있을 것이다.

요약

냉전의 종식은 이데올로기 전쟁의 종결을 가져왔지만, 결코 전쟁 자체가 사라지지는 않았다. 단지 전쟁의 의미가 바뀌고 문명 간의 대립으로 그 양상이 변했을 뿐이다. 문명에 대한 정의는 언어, 역사, 종교와 같은 객관적 요소와 귀속감 같은 주관적 요소로 내려질 수 있다. 이 주장에 의하면, 서구 문명과 이슬람 문명의 대립으로 전쟁이 발발할 가능성이 가장 높다.

CHAPTER 7

국가,
통제력을 잃다

– 몰락한 국가

　　실패한 국가란 정부가 자국의 영토를 실질적으로 통제하지 못하는 국가를 의미한다. 영토 통제에서의 이러한 공백은 안보상의 문제를 가져온다. '실패한 국가' 혹은 '붕괴된 국가'는 이중의 지정학적 도전을 받게 된다. 이들은 전통적인 의미에서 국가의 통치 기능을 상실했다. 국가란 영토와 그 영토에 거주하는 국민들을 효과적으로 관리하는 정부를 말한다. 막스 베버Max Weber에 의하면, 국가는 '합법적으로 폭력을 행사할 수 있는 독점권'을 소유하고 있다. 실패한 국가는 더 이상 이러한 능력을 행사하지 못하고, 따라서 그 존재에 의문이 제기된다. 합법적 폭력에 대한 독점권을 무너뜨리고 국가의 존재를 위협하는 것은 영토의 일부에 대해 자신들의 권력을 강요하는 게릴라, 무장집단, 군 실세, 준 군사집단, 범죄 조직 혹은 테러리스트들이다. 이 경우 국가는 더 이상 단일한 방식으로 규칙을 준수하게 할 수 없다. 또한 더 이상 국민들의 안전과 발전을 보장할 수 없고, 자국의 영토와 국경을 실질적으로 지배할 수 없게 된다. 실패한 국가는 국가적, 국제적 책임을 감당하지 못하고, 그 영토 내에서 폭력은 세분화되고 사유화된다.

영토에 대한 통제 능력의 부재는 종종 분쟁과 국가 조직의 부실, 자원에 대한 통제권을 둘러싼 여러 집단의 경쟁이라는 결과로 나타난다. 몰락한 국가는 흔히 부실이 또 다른 추가적인 부실의 요인이 되는 악순환의 고리로 들어간다. 이러한 국가는 더 이상 자신의 적과도 싸울 수 없게 되고, 여기에 자원이나 사람, 무기, 마약, 멸종위기의 동식물 등을 불법적으로 거래하기 좋은 애매한 지역이 생긴다. 그리고 이러한 물자의 착취를 생계 수단으로 삼는 다양한 집단이 생겨난다. 그들은 국가에 손해를 끼치고 자원을 착복하면서, 국가가 그 권한을 복구할 수단을 빼앗아버린다.

미국의 싱크탱크인 '평화기금Fund for Peace'과 〈포린 폴리시Foreign Policy〉는 매년 사회, 경제, 정치 3개 분야의 12개 지표를 통해 '실패한 국가지수Failed States Index'를 발표한다. 2017년 실패한 국가의 상위 10개국은 순서대로 남수단, 소말리아, 중앙아프리카공화국, 예멘, 수단, 시리아, 콩고민주공화국, 차드, 아프가니스탄 그리고 이라크였다.

국가의 몰락은 다양한 징후로 나타난다. 인구통계학상의 압력,

공동체 내의 폭력, 만성적이고 지속적인 이주, 개발 불평등, 경제적 쇠락, 범죄화, 공공 서비스의 악화, 인권 경시 혹은 다른 권력의 개입 등이 그것이다.

■ 요약

정부가 자국의 영토를 효과적으로 통제하지 못하고, 국가가 분산된 권력의 지배 하에 놓일 때, 이를 실패한 국가라고 할 수 있다. 중앙 권력의 부재는 안보의 공백을 가져오며, 결국 무장 세력이나 범죄 집단, 테러리스트들이 그곳으로 몰려들게 된다.

CHAPTER 8
더 높은 곳을
점령하라

— 우주 전쟁

냉전 기간 동안 모스크바와 워싱턴은 우주 정복이라는 목표를 두고 맹렬하게 경쟁했다. 우주 지배를 위한 경쟁은 동서대립의 하이라이트 중 하나였다.

당시 케네디 대통령은 우주를 미국의 "새로운 국경"이라고 표현했다. 이는 영토를 위한 경쟁이었고, 그 영토가 대기권 밖의 우주로 옮겨간 것뿐이었다. 또한 우주 전쟁은 단지 과학적 경쟁에 관한 문제가 아닌 주요한 전략적, 군사적 쟁점이었다. 우주는 적에게 도달할 수 있는 핵무기가 순환할 수 있는 곳이자 상대국의 영토에 들어갈 필요 없이, 즉 그들의 주권을 침해하지 않고 다른 나라에 대한 정보를 얻을 수 있는 관찰용 위성을 띄울 수 있는 곳이다.

이미 제2차 세계대전 당시 독일은 장거리 무기인 탄도미사일 V2

를 개발하며 연합군과 군사적 관계에 역전을 가져올 뻔했다. 이 미사일은 마치 공중무기처럼 거리 제한에서 벗어나서 훨씬 수월하게 상대국의 영토를 취약하게 만들 수 있었다.

미국과 소련의 우주에 대한 야심은 핵무기에 대한 지배와 두 강대국의 관계에서 핵무기가 차지하는 역할을 보면 알 수 있다. 어떤 국가의 상공은 그 국가에 속한 영토의 일부이므로 소련에 대한 전략적 정보를 수집하기 위해 정찰기를 띄울 경우 법적 위험을 감수해야 한다. 하지만 국가적 점유권이 없는 대기권 밖의 공간에서는 그곳을 자유롭게 돌아다니는 위성들을 통해 상대 국가의 군대 위치를 파악할 수 있는 핵심 자료를 얻을 수 있다. 이와 같은 치외법권적 성격을 고려할 때 우주 공간은 새로운 전략적 차원에서 이용될 수 있다.

::

소련은 대륙간 미사일을 소유함으로써 미국과의 사이에 존재하는 전략적 불균형에 종지부를 찍었다. 1950년대 말까지 미국의 영토는 소련의 미사일 사정거리 밖에 있었다. 소련은 당시 유럽에 위치한 목표물까지만 타격할 수 있었다. 이와는 달리 미국은 유럽에 있는 자국의 거점으로부터 소련 내 대부분의 전략적 요지에 도달할 수 있었다. 소련과 미국은 둘 다 핵보유국이었지만, 결코 대등한 위치에 있지 않았다.

미국은 우주 정복이 마치 과학적 목적으로 행성 간의 공간을 탐험하는 프로젝트인 것처럼 소개했다.

1957년 10월 4일 소련은 첫 인공위성 스푸트니크1호를 발사했다. 소련의 인공위성이 미국 영토 위에서 보내는 '삐 삐' 소리를 감지하는 것은 미국인들에게는 자신들의 우월성에 금이 가는 일이었으며, 그 자체로 미국 영토에 대한 직접적인 위협이었다. 미국은 언제나 지리적으로 보호받아왔고 잠재적인 적의 사정거리 밖에 있었던 만큼 그 위협은 더욱 심각하게 다가왔다.

군사적 전술에서 가장 높은 지점을 쟁취한다는 것은 항상 전략면에서 결정적 으뜸패를 쥐었음을 의미한다. 이로부터 유추하면, 우주 공간은 지상의 위치를 지배하고 통제할 수 있는 최고의 지점이라고 할 수 있다. 차이점이라면 우주 공간은 산악의 전략 지점처럼 각각의 위치를 방어할 수 없으며 쉽게 접근이 가능하다는 점이다. 다시 말해, 우주 공간은 마치 진주만처럼 무방비 상태에서 요격용 위성의 공격을 받을 수 있다.

미국에서 미사일 방어시스템이 인기가 있는 이유는 이러한 취약점 때문이다. 이 방어시스템의 목적은 미국 영토를 다시 성역화할수 있는 보호막을 개선하는 데 있다. 우주 공간을 놓고 벌이는 경쟁은 현대화의 상징이다. 위성 발사에 성공한 국가들은 이 주제에 대해 서로 열심히 소통한다. 핵무기와는 달리 현재로서는 평화 지향적으로 보이는 자신들의 기술력을 세계에 과시하기 위해서이다.

중국은 현재 상업용 위성과 요격용 위성을 발사할 수 있는 기술을 가지고 있다. 그들은 우주 공간을 정복함으로써 그것을 힘의 상징으로 만들려고 한다.

요약

미국과 소련은 우주 공간을 장악함으로써 상대국을 지배할 수 있다고 여겼다. 예로부터 가장 높은 지점을 쟁취하는 것은 결정적인 전략적 으뜸패를 쥐었음을 상징하는 것이다.

CHAPTER 9

과학이 만들어낸
제5의 영토

– 사이버 공간

　　사이버 공간은 인간이 투자한 모든 공간이 그렇듯이 현재도 그렇고 앞으로도 강대국들이 충돌하는 장이 될 것이다.

　　인터넷은 군사적 발명에서 파생된 산물이다. 미군에게는 혹시 발생할 수도 있을 적의 핵 공격 후에도 중앙 집권 체제가 아닌 방식으로 소통할 수 있는지가 문제였다.

　　사이버 공간은 육지, 바다, 하늘 그리고 우주 공간에 이어 잠재적인 전쟁의 5번째 영역이 되었다. 컴퓨터 시스템에 대한 공격은 한 국가의 경제에 치명타가 될 수 있고 위험물질을 생산하는 공장에 피해를 입힐 수 있다.

　　2007년 러시아의 소행으로 추정되는 사이버 공격으로 에스토니아는 일시적으로 마비 상태에 빠졌다. 실제로 이 일을 벌인 해커의 대다수가 러시아인이었고, 그들은 제2차 세계대전에서 전사한 소련 군인들을 추모하는 기념물을 해체하는 데 반대했다.* 그것이 개인적인 저항이었는지 국가의 지원하에 조직적으로 이루어진 것이었는지 파악하기는 쉽지 않다. 2008년 러시아와 전쟁을 치르고 있던 그루지야도 국방부와 외무부 사이트에 사이버 공격을 당했다.

사이버 공간에서 사용할 수 있는 무기에 대해서는 많이 알려져 있지 않다. 공격의 증거도 명백하지 않다. 많은 국가들이 사이버 군대를 갖추고 있다. 미국 또한 자국의 네트워크를 보호하고 적에 대하여 잠재적 공격을 가하는 임무를 띤 사이버 사령부를 가지고 있다. 북대서양조약기구는 대서양 연맹 회원국들을 단합된 행동으로 이끌기 전에, 사이버 공격을 무장 공격과 동일시할 수 있는지를 검토하고 있다. 그러나 미국은 자국의 이익에 반하는 엄격한 인터넷 규제로 이어질 것을 염려하여 사이버 공간에서 무장 해제를 하는 것에 대해 소극적인 태도를 보이고 있다.

---

* 2007년 에스토니아에서 발생한 대규모 사이버 공격은 국가를 대상으로 한 최초의 디도스 공격 사건으로 알려져 있다. 2007년 4월 에스토니아 정부가 수도 탈린에 있는 구 소련 참전 기념 군인상을 수도 외곽으로 이전한다고 발표하자, 러시아계 주민들의 격렬한 반대 시위가 벌어졌다. 그 후 에스토니아 정부기관과 금융기관, 통신사 등에 대규모 디도스 공격이 일어났다. 3주간 계속된 사이버 공격의 주요 타깃은 정부, 의회, 정당, 뉴스 기관 등의 공식 홈페이지였고, 이로 인해 금융 거래도 일주일 이상 마비되었다. 에스토니아는 이 사고의 배후에 러시아가 있다고 주장했다. 러시아는 이 사건과 아무 관련이 없다고 반박했지만 검거된 해커들은 대부분 러시아인이었으며, 공격 경로에 러시아가 포함되어 있었다.

러시아는 해킹으로 2016년 미국 대통령 선거에 개입했다는 의심을 받았다. 만일 실제로 조작하려는 시도가 있었다면, 힐러리 클린턴의 패배를 다른 여러 가지 내부적 요인들로 설명할 수 있다.

역설적이게도 사이버 공간에서는 힘이 곧 약점이 된다. 이런 기술에 가장 많이 의존하며 그로부터 더 많은 권력을 얻어내는 국가일수록 사이버 공간에서의 공격에 취약하다. 왜냐하면 사이버 공격은 기술이 발전한 사회에 가장 큰 영향을 미치기 때문이다. 다른 한편으로 기술적으로 앞서 있는 국가들은 스스로를 방어하기 위해 더욱 많은 수단을 강구할 수 있다. 그러나 사이버 공격도 핵 억제력처럼 (한정된 수단으로도 초강대국들과 대등한 게임을 할 수 있는) 기술력으로 수의 법칙을 뛰어넘을 수 있는지 혹은 패권을 가진 자가 최강자로 머물 것인지는 여전히 의문으로 남아 있다.

사이버 공격에 사용되는 방법은 선전활동은 물론이고 정보 수집 과정에서의 허위 정보 제공과 (접속을 할 수 없게 만드는) 서비스 거부, 방어 수단을 조절할 수 있는 군사 기기와 장비의 파손 그리고 민감한 인프라에 대한 공격까지 다양하다.

이스라엘은 온라인상에서 자국에 대한 비판이 증가하며 국가 이미지가 실추되는 것을 우려하여 여러 온라인 사이트에 이스라엘의 정책에 우호적인 의견을 올리는 논객과 그 의견에 동조하는 세력을 투입했다.

2010년 6월, 이란의 부셰르에 있는 원자력 발전소의 엔지니어

세계에서 일어나는 사이버 전쟁

미국

태평양

대서양

미국 국가안전보장국의 감시 강도

약함　　중간　　높음　　매우 높음　　정보 부재　　주요 공격 방향

볼드체 국가명(예:이란) : 제3국가에 대항하여 사이버 공격을 시도했던 것으로, 혹은 의심을 받고 있는 국가

출처 : 글렌 그린월드, 《Boundless informant : The NSA's secret tool to track global surveillance data》, 〈가디언〉; 브랜든 말레리노와 라이언 마네스, 《A Theory of cyber espionage for the intelligence community》; 캐스펄리 랩, 2013.

컴퓨터에서 산업 시스템, 수력 발전소 또는 원자력 발전소를 염탐하고 프로그램을 재구성하는 악성코드인 스턱스넷Stuxnet 바이러스가 발견되었다.* 누가 공격했는지는 밝혀지지 않았지만, 이스라엘 정부의 책임 가능성에 의심을 두고 있다.

2015년 미국과 중국은 사이버 공간에서 상대국에 대한 공격을 삼가할 것을 명시한 협약을 체결했다. 최근에는 2건의 사이버 공격이 세계적인 파장을 일으켰다. 150개국에 영향을 미친 워너크라이Wannacry**와 2017년 6월 우크라이나를 시작으로 확산된 악성코드는 (로즈네프트, SNCF, LU, 머크, 오샹, 체르노빌*** 등) 다수의 동유럽과 서구 기업들에 피해를 입혔다.

● 이 바이러스는 이란 원전에 있는 원심분리기를 조작했고, 이란 핵 프로그램의 핵심 요소를 파괴했다.

●● 사용자의 중요 파일을 암호화한 뒤 이를 푸는 대가로 금전을 요구하는 랜섬웨어의 일종

●●● 로즈네프트는 러시아 석유 전문업체, SNCF는 프랑스 국영철도, LU는 프랑스의 유명 비스킷 브랜드, 머크는 생명과학 기능성 소재 분야에 진출해 있는 독일 기업, 오샹은 프랑스 최대의 유통업체, 체르노빌은 우크라이나의 원자력 발전소를 말한다. 체르노빌 발전소는 1986년 원자로 폭발 사고의 여파로 지금까지 방호벽을 덧씌우는 작업이 진행 중인데, 당시 이곳의 방사능 감지 시스템까지 사이버 공격에 노출되었다.

요약

육지, 바다, 하늘과 우주에 이어 사이버 공간은 강대국들이 서로 대립하는 5번째 영토로, 지정학적 쟁점으로 부각되고 있다. 아직까지 그 대립의 유형과 결과가 대부분 제대로 인정받지 못하고 있지만, 세계 각국에서 사이버 군대가 창설되기 시작했다.

CHAPTER 10

목숨을 건 이주가
시작되다

– 대이주

    이주민이란 자신의 국가가 아닌 곳에 적어도 1년 이상 거주한 사람들을 말한다. 이주민의 흐름은 인류적, 경제적 그리고 전략적인 결과를 낳는 집단적 현상이다.

  16, 17세기에 이주민들의 이동은 상업적 흐름과 식민지화에 의해 진행되었는데, 북반구에서 남반구로의 이동이 대부분이었다. 19세기에는 경기 침체와 기근이 겹치고 운송 능력이 향상되면서 특히 유럽의 지방과 아시아로부터 미국으로 향하는 이주민이 크게 증가했다.

  20세기 초에는 전 세계 인구의 5퍼센트가 이주민이었던 것으로 추정된다. 이 시기에 이주민의 수는 최고에 달했고, 이후 이 수치는 결코 깨진 적이 없다. 제1차 세계대전과 1929년의 대공황은 이

주민의 감소를 가져왔다. 20세기 후반기에는 대세를 이루던 북반구에서 남반구로의 이동이 아닌, 남반구에서 북반구 혹은 남반구에서 남반구로 이주 방향이 바뀌었다. 또한 이탈리아, 스페인, 영국을 비롯해서 사람들이 이주해 나오던 나라가 이주민을 받아들이는 나라로 바뀌었다. 이주 흐름에서 주요한 선진국인 미국의 이민자는 대략 4,600만 명 정도로 추정되는데, 이는 전체 미국 인구의 14.5퍼센트를 차지한다. 도널드 트럼프는 선거운동 기간 동안 미국으로 유입되는 이민자, 특히 남미와 이슬람 문화권에서 들어오는 이민자들에 대항해 싸워야 할 필요성을 강조함으로써 자신의 지지 기반을 다졌다.

이주민들은 재난, 내전 그리고 정권의 억압을 피하여 더 나은 삶의 조건을 찾아 이동한다. 자신의 나라와 혈육을 떠나기로 결정하는 것은 결코 쉬운 일이 아니다. 냉전 기간 동안 독재 권력, 특히 공산주의 독재를 피해 자신의 나라를 떠난 사람들은 당시 실업이라는 것을 모르던 서구 세계에서 열렬한 환영을 받았다. 하지만 상황은 바뀌었다. 1975년 베트남에 공산 정권이 들어선 후 프랑스는 17만 명의 난민(보트 피플)을 받아들였고, 이들은 빠르게 프랑스 사회에 동화되었다. 그리고 '경제적 난민'이 '정치적 난민'보다 더 중요하게 되었다.

이민자의 수는 40년 동안 3배나 증가하여, 1975년 7,500만 명을 넘어섰고, 오늘날 2억 3,200만 명에 이른다(국제이주기구International

Organization for Migration 2015). 이는 현재 세계 인구의 3.3퍼센트에 해당하며, 20세기 초반보다는 낮은 수치이다.

최근에는 남반구에서 남반구로의 이동이 주를 이루고 있다. 난민의 86퍼센트가 남반구의 국가에 거주하던 이들이며, 그중 대다수를 받아들이는 곳 역시 내전으로 황폐해진 나라에 인접한 국가들이다. 실업률의 증가와 일부 국민들의 거부감이 커지는 것에 영향을 받은 북반구의 국가들은 국경을 봉쇄하거나 난민들을 선별하여 받아들이는 조치를 취하려 한다. 이 과정은 두뇌의 약탈과 비슷하다고 볼 수 있는데, 적절한 자격을 갖춘 근로자들의 이민만을 받아들이는 것이다. 북반구 국가의 국민들은 (비록 이 나라들이 프랑스처럼 전통적인 이주 국가임에도 불구하고) 이주민을 받아들임으로써 국가 정체성이 희미해지고 일자리를 둘러싼 경쟁에서 뒤처질 것을 두려워하고 있다.

국제엠네스티에 따르면, 2015년에 5,400명이 넘는 사람들이 추방되어 이주하던 도중에 사망했으며, 그중 3,700명이 유럽으로 가려고 지중해를 건너려 하고 있었다. 국제이주기구에 의하면, (2016년 38만 8,000명에 대비해) 2017년에는 10월까지 14만 명의 이주민들이 내전과 억압적인 정권 그리고 재난을 피해 지중해를 건너갔을 것으로 추정하고 있다.

2017년에 2,658명이 (2016년에는 5,243명이) 지중해에서 사망하거나 실종되었다. 이탈리아에 도착하는 이주민들은 주로 나이지리아, 방글라데시, 기니, 코트디부아르, 말리에서 빠져나오는 사람들이고, 그리스에 도착하는 이주민들은 시리아, 이라크, 아프가니스탄, 파키스탄 그리고 콩고민주공화국 출신들이다.

이런 비참한 상황은 이주민에게 느끼는 연대감과 통제되지 않는 이동에 대한 우려로 양분된 여론 속에서 이중의 심리적인 충격으로 다가왔다.

프론텍스Frontex(유럽연합의 국경 및 해안 경비 전담기구)의 2017년 9월 18일자 자료에 의하면, 15만 명에 가까운 이주민들이 8개의 다른 경로를 통해 유럽연합으로 입국을 시도했다고 한다.

이러한 상황 속에서 난민에게 개방적인 유럽 국가들과 그렇지 않은 국가들 사이에 긴장감이 조성되고 있다. 유럽은 이주민들에게는 평화로운 이상향으로 보인다. 하지만 이주민을 대상으로 하는 인신매매는 무기와 마약 밀매에 이어 범죄 조직에게 세 번째로 돈벌이가 되는 수단이 되었다. 프론텍스는 이주민 밀매와 관련된 거래 금액이 최고 60억 유로에 달하는 것으로 추산하고 있다. 2015년 6월 유럽연합은 이민 브로커 조직을 와해시키기 위한 해군 작전을 개시했다. 소피아 작전으로도 불리는 '유럽연합해군-지중해 작전EUNVFOR-Med'을 통해 지금까지 117건에 대한 관련자 체포가 이루어졌고, 500여 개의 소형보트가 파괴되었으며, 무엇보다도 4만 명이 넘는 난민들이 구조된 것으로 파악된다. 그리고 원천적으로 범죄 조직을 추적하기 위해 140개의 해안 경비대와 리비아 장교들이

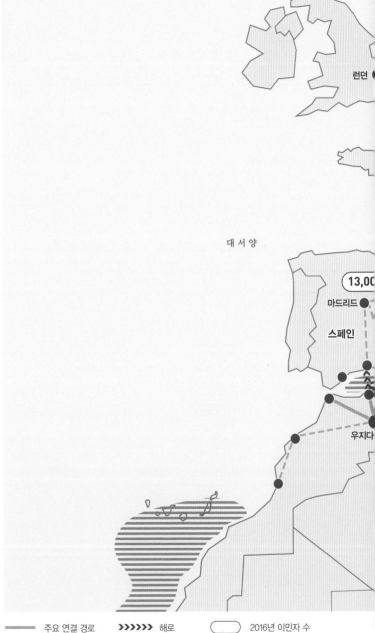

대 서 양

13,00

마드리드 ●

스페인

우지다

런던 ●

━━━ 주요 연결 경로   ❯❯❯❯❯❯ 해로   ⬭ 2016년 이민자 수

┄┄┄ 연결 경로   2016년 유럽의 주요 이민국 : 스페인, 이탈리아, 불가리아, 프랑스

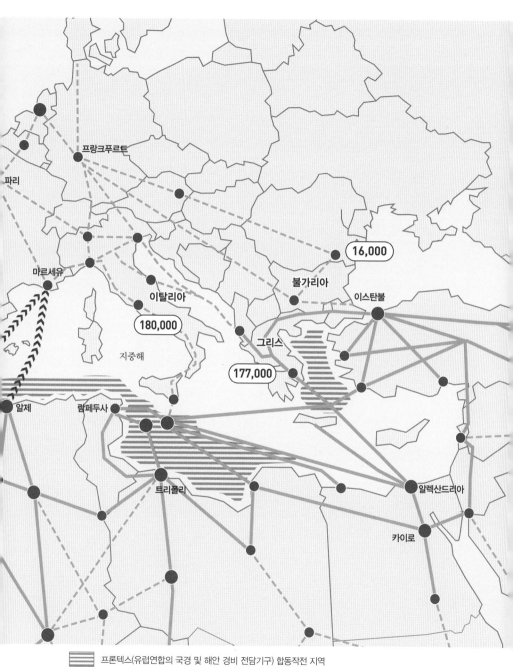

프랑크푸르트

파리

마르세유

이탈리아

180,000

지중해

알제

람페두사

트리폴리

불가리아

16,000

이스탄불

그리스

177,000

알렉산드리아

카이로

▱▱▱▱ 프론텍스(유럽연합의 국경 및 해안 경비 전담기구) 합동작전 지역

출처 : OIM, 2017 ; ICMPD, EUROPOL, FRONTEX, Interpol, 유엔난민기구, ONUDC, 2014년 5월.

양성되었다.

국가가 자국의 국민이 마음대로 나라를 떠나는 것(출국권)을 막던 상황에서 들어오는 것을 막으려는 상황으로 바뀐 것이다.

널리 알려진 바와 달리, 남반구에서 북반구로 이동하는 인구의 비율은 전 세계 인구의 3.2퍼센트에 불과하다. 반면 남반구에서 남반구로 이동하는 인구는 그보다 3배나 많아 세계적으로 7억 4,000만 명에 달한다. 2015년 국제 이주민 2억 4,400만 명 중에 거의 58퍼센트가 선진국에 살고 있었고, 42퍼센트는 개발도상국 내에 거주하고 있었다. 북반구에 살고 있는 1억 4,000만 명의 인구 중에 61퍼센트, 남반구에 거주하는 1억 300만 명 중에는 87퍼센트가 개발도상국 출신이다(유엔, 2015 이민에 대한 보고서). 몇몇 이주 전문가들은 글로벌 시대에 국경을 봉쇄하는 것은 효과가 없으며 자유로운 이동 경로의 틀을 마련함으로써 이민자들이 다시 자신의 나라로 돌아가는 것을 용이하게 할 수 있다고 말한다. 하지만 한때 이민자들에게 호의적이었던 국가들까지 포함하여 상당수의 서구 여론이 이들에게 거부감을 나타내면서 대다수의 정치 지도자들은 이러한 견해를 정치적으로 옹호하기 힘들다고 판단하고 있다.

경제 발전과 분쟁의 해결이라는 목표는 단기간에 도달하기 어렵기 때문에 이 문제를 원천적으로 해결하는 것이 최선일 것이다.

■ 요약

예전에는 북반구에서 남반구로 이동하던 이주 흐름이 지금은 대부분 남반구에서 북반구, 남반구에서 남반구로 변했다. 비율 측면에서 봤을 때 이주는 1세기 전보다 덜 중요하게 되었지만 더 많은 긴장을 유발하고 있다.

3부

현재 진행형인 14곳의 분쟁과 갈등

CHAPTER 1
미완의 독립에서
분쟁이 싹트다

- 우크라이나와 러시아

1991년 소련이 붕괴하며 러시아에게 민족적 감정이 남아 있던 우크라이나는 독립했다. 우크라이나는 (멕시코가 남미 성향과 미국 성향으로 나뉘고, 터키가 유럽 성향과 아시아 성향으로 나뉘는 것처럼) 소위 '찢어진 나라'의 전형적 예이다.

우크라이나는 러시아와 유럽의 영향을 동시에 받아왔는데, 동부는 친러시아 성향이 강한 반면 서부는 좀 더 유럽 쪽으로 기울어 있다. 하지만 유럽이 자신들의 세력 확장(또는 통합)에만 몰두하여 우크라이나에는 거의 신경을 쓰지 않은 탓에 경제와 외교는 러시아의 영향을 받고 있다.

2004년 색깔 혁명(그루지야에서는 장미 혁명, 우크라이나에서는 오

z

렌지 혁명[*])으로 친러시아 성향의 반민주적이고 부패한 구 지도자들이 교체되었다. 키예프에서는 친서구 성향인 빅토르 유셴코Viktor Yushchenko가 친러시아 성향의 빅토르 야누코비치Viktor Yanukovych를 물리치고 대선에서 승리했다. 이 선거에서 NGO(비정부기구), 특히 미국인들이 민주주의를 증진시킨다는 명목으로 유셴코를 지원했는데, 러시아는 이를 내정간섭이라고 비판하면서 규탄했다.

그러나 개혁과 경제 발전, 부패와의 전쟁에 대한 국민들의 희망은 얼마 지나지 않아 빗나갔다. 2010년 다시 권력을 잡은 야누코비치는 사법권을 이용하여 자신의 정치적 반대 세력을 탄압했다. 부패는 다시 극에 달하고 경제는 침체에 빠졌다. 그는 유럽연합과 동반자 협약을 맺기 위한 협상을 시작했다. 유럽적 규범에 편입되기를 희망하며 민주화와 더 나은 국가 경영을 원하던 우크라이나 국민들은 이를 지지했다. 하지만 우크라이나에서 영향력을 잃을 것을 두려워한 러시아가 더 유리한 제안을 하자 야누코비치는 유럽과의 협상을 중단했다(유럽연합과 협약이 진행될 경우 러시아가 우크라이나와 교류를 할 수 있는 가능성은 거의 없었다). 이 사건을 계기로 우크라이나의 수도인 키예프의 마이단 광장('마이단'은 우크라이

● 2000년대 이후부터 과거 소련의 영향하에 있던 동유럽과 중앙아시아의 국가에서 일어난 혁명. 국가마다 시위대가 요구하는 구체적인 내용에는 차이가 있었지만, 대부분 부패하거나 독재적인 정부에 대항하여 비폭력 저항을 통해 민주주의를 요구했고, 국가별로 특별한 색이나 꽃을 시위의 상징으로 내세웠기에 색깔 혁명이라 불린다.

나어로 '광장'을 의미한다)에서 대규모 항의시위가 벌어졌다. 이 시위는 소요사태로 이어졌고, 2014년 2월 22일 야누코비치는 탄핵되어 해외로 도주했다. 이후 우크라이나에는 러시아에 매우 적대적인 성향의 새로운 정부가 설립되었고, 러시아어를 더 이상 공식언어로 사용하지 않으려는 움직임까지 일어났다. 친러시아와 반러시아 세력 사이에 충돌이 일어나자 푸틴은 우크라이나에서 위헌적인 쿠데타가 일어났다고 선언하고 새로운 정권을 인정하지 않았다.

2014년 3월 크림반도가 우크라이나에서 독립하여 러시아와 합병하겠다고 선언했다. 크림반도는 러시아 해군의 전략적 요충지이자 세바스토폴 기지가 위치한 곳으로, 주민들 대부분이 러시아어를 사용하고 있다. 이 지역은 소련에서 내부 국경선이 별다른 역할을 하지 않던 시절, 니키타 흐루쇼프Nikita Khrushchyov 서기장에 의해 1955년에 우크라이나에 통합되었던 곳이다.•

서구 국가들은 러시아의 크림반도 합병을 1945년 이후 무력으로 국경이 수정된 첫 번째 사례라고 판단하고 러시아에 대하여 제

• 크림반도는 200년 가까이 러시아의 영향권에 있던 지역이었으나, 1954년 소련의 니키타 흐루쇼프 서기장이 소련의 연방국가였던 우크라이나에게 이 지역을 선물로 주었다. 그 후 1991년 우크라이나의 독립과 함께 크림반도도 자연스럽게 우크라이나의 영토가 되었다. 하지만 2014년 러시아군은 무장병력을 투입해 크림반도를 점령했고, 이에 의회는 즉시 합병 찬반 의사를 묻는 주민투표를 실시했다. 그 결과 90퍼센트가 넘는 압도적 찬성으로 합병이 이루어졌다.

재 조치를 취했다. 이에 대해 러시아는 민족자결권을 존중한 것뿐이라고 주장했다. 하지만 코소보 전쟁에서는 정반대의 상황이 벌어졌다.* 서구 국가들은 코소보인들의 민족자결권을 옹호한 반면, 러시아는 유고슬라비아의 영토 보존을 주장했다. 분위기는 빠르게 악화되었고, 일부에서는 냉전이 다시 시작되었다고 언급하기도 했다.

러시아의 지원으로 우크라이나 동쪽에는 분리독립주의자들이 고립되어 있는 지역이 형성되었다. 이 지역의 주민들은 우크라이나 정부에게 자신들의 권리를 빼앗기지 않을지 우려했다. 정부는 독립을 요구하는 이들을 테러리스트로 규정하고 그들과의 협상을 거절했다. 결국 정부군과 (열악한 무기로 무장한) 민병대 간의 전투가 벌어지며 민간인을 포함하여 6,000명의 사망자가 발생했다.

러시아는 크림반도를 얻었지만, 우크라이나를 잃었다. 위협을 느낀 우크라이나의 러시아에 대한 적대적인 민족감정은 더 강화되었다. 동쪽의 분리독립주의자들의 지역(돈바스)은 아무도 원하지 않

● 1990년대 초 구 유고 연방이 해체되면서 4개 공화국은 각각 독립을 하고, 세르비아와 몬테네그로는 신 유고 연방을 구성했다. 신 유고연방의 세르비아 공화국에 속해 있던 코소보의 알바니아인들은 '코소보 해방군'을 결성하고 세르비아로부터의 독립을 요구하며 본격적인 무장투쟁을 전개했다. 세르비아가 이들에 대해 '인종청소'라고 불릴 만큼 전면적인 소탕작전을 감행하면서 대규모의 난민이 발생하자 NATO는 세르비아에 대한 무력 사용을 결정, 1999년 3월 24일 세르비아에 대한 공습을 단행했다. 코소보의 독립을 지지한 NATO와 달리 러시아는 NATO의 유고 공습을 제국주의적 만행이라고 비난하면서 흑해 함대를 아드리아해에 파견하는 등 군사적 시위를 벌이기도 했다.

는 짐이 되었다.• 정부군과 민병대 사이의 충돌의 강도는 낮아졌지만, 갈등은 고착화되고 있다. 2014년 우크라이나의 대통령으로 선출된 페트로 포로셴코Petro Poroshenko는 같은 해 6월 노르망디 상륙작전 70주년을 맞이하여 러시아의 푸틴 대통령, 프랑스의 올랑드 대통령, 독일의 메르켈 총리를 만났다. 이들의 중재 노력으로 2015년 2월 우크라이나 정부군과 민병대 간의 정전협정이 체결되었다. 이 정전협정은 분쟁을 해결하지는 못했지만 긴장을 완화시켰다. 하지만 그 이후로도 산발적인 충돌은 계속되고 있다.

미국, NATO(북대서양 조약기구), 발트해 연안 국가들과 폴란드는 러시아가 계속해서 서쪽을 향해 밀고 나오는 것을 걱정하고 있다. 다른 유럽 국가들도 이 지역에 대한 외교적 해결책을 찾아야 한다고 생각한다. 서구 국가들의 결정으로 진행된 경제 제재가 러시아를 위축시키기는 하지만, 동시에 유럽에도 부정적인 영향을 미

• 러시아가 크림반도를 합병한 이후 우크라이나 동부의 친러시아 성향의 도네츠크주와 루간스크주(돈바스 지역)는 스스로 도네츠크 인민공화국과 루간스크 인민공화국임을 선언하고 '새로운 러시아'라는 의미의 노보로시야(Novorossiya)연방국을 창설했다. 이 지역의 분리주의자들은 하리코프주, 오데사주 등 친러 성향의 다른 동남부 지역과 연합하여 러시아령의 자치국이 되거나 우크라이나를 동서 연방제 국가로 만들 것을 주장했다. 우크라이나 정부는 계속되는 동부 지역의 분리주의 운동에 대해 강경한 입장을 보이며 분리주의자들과 치열한 전쟁을 벌였고(돈바스 전쟁), 돈바스 지역에 대한 사실상의 통행허가제를 선포, 검문소 몇 곳을 지정해 반드시 이곳에서 검열을 받고 통행을 하도록 하는 조치를 취하기도 했다. 계속되는 내전에 서구 사회가 중재에 나섰고, 2014년 1차 민스크 협정을 통해 휴전이 되었지만 산발적인 충돌은 끊이지 않았다. 2015년 2월 12일에는 2차 민스크 협정으로 우크라이나 동부 전선에 비무장지대가 설치되며 평화 구축을 약속했으나 여전히 충돌은 계속되고 있다.

2차 민스크 협정 이후의 국경

벨라루스

러시아

폴란드

우크라이나

슬로바키아

헝가리

몰도바

도네츠크

루간스

마리우폴

루마니아

크림 반도

아조프해

흑 해

(자칭) 루간스크 인민공화국

노보로시야, 분리주의자들의 야망

(자칭) 도네츠크 인민공화국

2014년 3월 16일 주민투표 이후 러시아에 재가입된 지역

)(통행지점

2015년 2월 12일 협정에 따른 비무장 완충지대

출처 : AFP-우크라이나 국가안보 및 방위위원회. 정보분석센터, 우크라이나 국가안전보장; 올레지마

치며 미국에게도 큰 도움이 되지 않는다. 푸틴은 크림반도의 병합이 러시아인들의 애국심을 북돋우는 동시에 국내에서 자신의 인기를 높이는 데 큰 도움이 되는 것을 보았다. 2016년 대통령 선거운동 기간 중에 도널드 트럼프는 우크라이나 문제를 해결할 것을 암시하는 발언을 했다. 하지만 대통령으로 선출된 이후 자신을 둘러싼 군사적 압박이 계속되자 이 문제를 그대로 유지하고 있다.

푸틴이 돈바스의 분리독립주의자들을 완전히 지배하지 못하지만 현실적인 압박을 통해 그들이 무장투쟁을 멈추게 할 수는 있을 것이다. 그렇지만 우크라이나 정부는, 아직까지 그런 선례가 없었다 해도, 돈바스 지역에 실질적인 지방분권을 제안하고 소수의 권리를 인정해야 할 처지에 놓여 있다. 우크라이나는 경제 위기에 빠져 있고, 여전히 권력을 장악한 소수가 국가를 지배하고 있다. 우크라이나는 독립 이래로 국가의 발전보다는 개인적으로 부를 축적하는 데 몰두했던 지도자들에게 희생되어왔는데, 이는 러시아가 노리던 것 이상의 효과를 가져왔다.

폴란드, 우크라이나, 러시아의 GDP 변화

	1990	2000	2012	2017
폴란드	1,694	4,454	12,710	12,494
우크라이나	1,570	636	3,867	2,005
러시아	3,485	1,775	14,037	9,202

(단위 $)

오바마는 선거 당시 러시아와의 관계를 '재정비'하려는 의지를 보였으나, 우크라이나의 위기는 모스크바와 워싱턴의 관계가 단순하지 않다는 사실을 무엇보다도 잘 보여주고 있다. 미국에게 러시아는 동서대립 시대에는 실존하는 위협이었으나 현재는 미국의 의지를 관철시킬 수 있는 냉전의 패전국이다. 러시아는 러시아가 다시 세계의 강대국으로 부상하는 것을 막는 것이 미국의 목표라고 생각한다.

2016년 8월 우크라이나와 러시아의 관계는 또다시 악화되었고, 돈바스에는 갈등이 고조되고 있다. 또한 민스크 협정은 그 어느 때보다 위기에 놓여 있다.

선거운동 기간 중 도널드 트럼프는 러시아와 가까워지려는 의지를 발표했으나, 당선 이후에는 전임 대통령들의 정책을 유지하고 있는 상황이다.

■■■ 요약

우크라이나와 러시아의 대결은 모스크바와 서구 국가들 간의 주요한 국제적 위기로 변화했다. 크림반도를 장악하면서 러시아는 우크라이나를 잃었고, 우크라이나의 반러시아 감정은 커지고 있다.

CHAPTER 2

테러리즘은
진화한다

– 이슬람국가

아부 바크르 알 바그다디Abu Bakr al-Baghdadi가 이끄는 이라크 레반트 이슬람국가(IS)는 2014년 6월 29일 자신들이 지배하던 영토(약 20만 제곱킬로미터)에 칼리파 국가를 복원한다고 발표했다. 그들은 식민지 시대의 유산이라고 비난받는 것들을 타파하면서 사이크스-피코 협정[●]으로 정해져 내려오는 국경 역시 문제 삼았다. 이처럼 테러리즘은 국가의 형태를 갖추었고, 이전의 탈영토적인 운

● 제1차 세계대전이 진행 중이던 1916년 5월 영국의 외교관 마크 사이크스와 프랑스 외교관 프랑수아 조르주 피코가 오스만투르크가 지배하던 중동을 나누어 갖자는 내용으로 맺은 비밀 협약. 결국 전쟁이 끝난 후 영국과 프랑스는 중동 지역을 둘로 나누어, 지중해와 요르단강 사이 해안 지역 일부와 지금의 이라크, 요르단은 영국이, 이라크 북부 일부와 시리아, 레바논은 프랑스가 차지했다.

영방식을 버리고 유동적이었던 국경을 정비하는 등 중요한 변화를 꾀했다.

IS는 2006년 현지 부족과 사담 후세인의 전 장교들, 알 카에다를 둘러싼 이슬람주의 집단의 동맹으로 공식 창설되었다. 이는 2003년 (이슬람주의자들의 테러리즘을 끝내리라고 예상했던) 이라크 전쟁의 결과이며, 이라크 주둔 미 최고행정관이었던 폴 브레머Paul Bremer의 '탈 바트화' 정책* 그리고 (인구의 17퍼센트에 해당하는) 소수의 수니파에게 어떤 전망도 제시하지 못했던 이라크의 시아파 정권, 특히 말리키Maliki 총리의 종파주의의 결과였다. 결국 이라크 내 수니파는 자신들을 보호해줄 것을 약속한 IS에게 돌아섰다.

시리아에서도 국민의 다수를 차지하는 수니파 무슬림들이 (시아파에 가까운) 바샤르 알 아사드Bashar al-Assad의 알라위파 체제에서 소외받고 있었다. 2011년 반정부 시위가 시작되었을 때, 바샤르 알 아사드는 이를 폭력적으로 진압했다. 그가 저지른 학살은 지하디스트(이슬람 성전주의자) 집단과 연결된 일부 반정부세력을 급진적으로 만들었다. 이라크에서와 마찬가지로 시리아에서도 이 집단은 수니파의 연대라는 명분을 내세우며 이라크의 시아파 정권, 무엇보다 바샤르 알 아사드 정권의 전복을 목표로 삼았고, 초기부터 페

---

* 이라크 정부의 토대를 파괴하기 위해 실제 사담 후세인 세력과 관련이 있는지를 전혀 고려하지 않고 바트당의 모든 당원은 물론이고 그와 가까운 사람들까지 모두 공직에서 해임한 정책

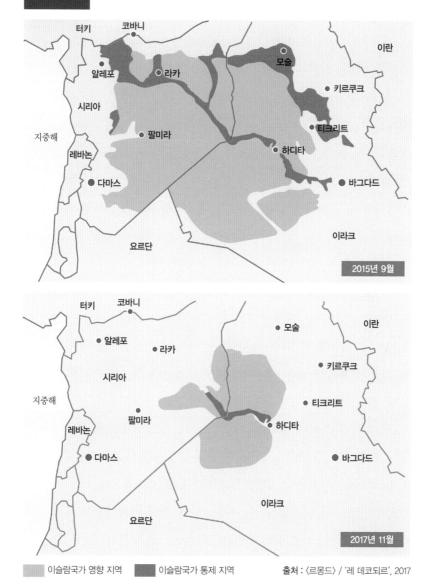

이슬람
국가의
영토 변화

터키 코바니   이란
알레포 ○라카   ○모술
                              ● 키르쿠크
시리아
지중해   ● 티크리트
레바논   ● 팔미라   하디타
        ● 다마스   ● 바그다드
                              이라크
        요르단
                              2015년 9월

터키 코바니   이란
알레포 ● 라카   ● 모술
시리아   ● 키르쿠크
지중해   ● 티크리트
레바논   ● 팔미라   ● 하디타
    ● 다마스   ● 바그다드
                              이라크
        요르단
                              2017년 11월

이슬람국가 영향 지역   이슬람국가 통제 지역   출처 : 〈르몽드〉 / '레 데코되르', 2017

르시아만의 부유한 가문들로부터 지원을 받고 있었다. 터키 또한 같은 목적으로 초기에 IS의 자원자들이 시리아에 있는 IS에 합류하는 것을 거의 방관하고 있었다. IS의 표적이었던 페르시아만의 국가들에게 IS의 선포는 하나의 경고 신호였다.

2014년 이라크의 모술 지역을 점령한 IS는 이라크 중앙은행에 예치되어 있던 4억 5천만 달러를 손에 넣었다. 그들은 석유 판매로 재원을 조달하며 수니파의 땅에서 이슬람 근본주의자들을 능가하는 지지를 받았다. 국민들이 더 이상 이라크 정부로부터 아무것도 기대하지 않고 있을 때, IS는 종파적 억압에 반대하며 질서를 바로 잡았고, 최소한의 공적 서비스를 회복시켰다. 이로 인해 초기에 그들은 일부 수니파 국민들에게 지지를 받았다.

하지만 그들은 수니파가 아닌 소수파들(쿠르드인, 기독교인, 시아파, 야지디교인) 혹은 협조를 거부한 수니파들에 대해서는 서슴지 않고 대량 학살을 저지르며 끔찍한 탄압을 자행했다. 서구와 이슬람 사회의 여론이 이를 비난하자 서구 인질들을 참수하기도 했고, 문화재뿐 아니라 고고학 유적지도 공격 목표로 삼았다.

IS는 서구 사회에서 동화되지 못하고 있는 무슬림들을 교화와 징병에 이상적인 대상으로 지목하며 그들에게 의존하고 있다. 예를 들어 서구 국가나 아랍 국가에서 지원하는 신병들을 자신들이 지배하는 영토로 끌어 모으는 동시에 그들을 통해 외국에서도 테러리스트의 소명을 선동하는 것이다. 이것은 서구 국가들뿐 아니라 서구와 유대관계를 갖는 즉시 배교자로 여겨지는 이슬람 국가들에게도 안전을 위협하는 도발로 여겨졌다. IS는 그들이 가담한 학살과 여러 행동 그리고 이미지를 통해 이슬람에 반대하는 서구인들의 분노를 고조시키고, 그중 일부에게 과격한 행동을 이끌어내려 한다. IS의 또 다른 특징 중 하나는 소통에 능숙하다는 것이다. 그들은 서구 언론의 약점을 정확하게 예측하고 꿰뚫어보면서 테러 조직이 원하는 방식으로 메시지를 파급하고 있다.

시리아와 이라크 이외의 지역에 있는 다른 지하디스트 집단들은 자신들과 이념 성향도 유사하고 국제사회에서 급격하게 악명을 높이고 있는 IS에게 충성을 서약하면서 자신들의 활동을 부각시키고 있다.

이 새로운 위협에 맞서기 위해 서구와 아랍의 60여 개국이 모여 연합을 결성했다. 하지만 2015년 5월 지하디스트 집단이 팔미라를 점령할 당시 보여준 것처럼, 연합군의 공중 폭격의 효과는 한계가 있었다. 팔미라는 2016년 3월에 시리아 정부군에 의해 탈환되었지만, 그곳의 유물들은 거의 모두 파괴되었다. 이는 군사적 대응만이 해결책이 아님을 보여준다. 이라크 정부 내에서 바샤르 알 아사드가 계속 권력을 잡은 채 수니파에게 정치적 자리를 내주지 않고, 시아파 민병대를 투입해서 IS의 거점을 지속적으로 공격하는 한, IS는 계속 내부 세력으로부터 지지를 받을 수 있을 것이다.

서구 국가들과 러시아, 터키에 대해서 (자신들의 소행임을 주장하는) IS의 공격이 증가하고, 걸프만의 국가들 또한 위협을 받으면서 국가 간의 협력을 강화하기 위한 국제적 연합이 형성되었다.

IS는 2017년 10월 수도인 락까를 포함하여 현재 영토의 87퍼센트 가량을 잃었다.

하지만 같은 해 11월 24일 이집트 시나이반도의 한 이슬람 사원에 대한 테러 공격으로 305명이 사망하면서 IS가 여전히 위협적 존재라는 사실을 입증했다.

요약

대규모 영토를 갖춘 이슬람국가는 테러리즘의 변화를 상징한다. 이들은 수니파가 아닌 소수파들과 반대파들에게 끔찍한 압력을 행사했다. 이들은 2003년 이라크 전쟁과 시리아에서 바샤르 알 아사드가 행한 억압의 간접적 결과이다.

CHAPTER 3

종교 분쟁인가, 영토 분쟁인가?

– 이스라엘과 팔레스타인

무력 사용의 강도가 낮아지고 범위가 축소되기는 했지만, 그럼에도 이스라엘과 팔레스타인의 대립은 전략적으로 중요하다.

1917년 아서 밸푸어Arthur Balfour 경은 팔레스타인을 "땅 없는 민족을 위한 민족 없는 땅"이라고 잘못 언급하며, 이스라엘과 팔레스타인 분쟁의 씨앗을 만들었다. 그는 이스라엘과 팔레스타인 분쟁의 본질을 영토를 지배하기 위한 대결로 정의했다.

당시 유대 민족이 국가를 형성하고 있지 않았던 것은 사실이지만, 오스만투르크 제국에 속해 있던 팔레스타인이 아무도 살지 않는 곳은 아니었다.

1897년 테오도어 헤르츨Theodor Herzl은 《유대 국가The State of the Jews》를 출간하면서 배척되고 박해받아온 유대인에게 안식처를 주기 위해 유대 민족을 위한 국가를 건설할 것을 주장했다. 독일을 상대로 한 전쟁에서 유대인의 지지를 얻고자 했던 밸푸어 경은 이 움직임을 현실화하려 했다. 밸푸어 경의 약속은 아랍 민족에게 오스만투르크 제국과의 전쟁에서 영국의 편에 서면 독립을 승인해주겠다는 약속과 모순되는 것이었다.•

∷

제1차 세계대전이 끝난 후 팔레스타인은 영국의 위임통치를 받게 되었다. 당시 팔레스타인에서 유대인 인구는 10퍼센트 정도였다. 이후 시오니즘 운동에 대한 기대감이 커지고 유럽에서 반유대주의 정서가 팽배해지며 박해가 심해지자, 유대인들은 대규모로 팔레스타인으로 이주하기 시작했다. 그 결과 제2차 세계대전 초기에 유대인은 팔레스타인 인구의 30퍼센트를 차지하게 되었다. 인구가 늘어나고 그에 따라 토지의 매입이 증가하며 이제까지 잘 융화하며 살던 공동체 사이에서 긴장감이 커져갔다.

• 제1차 세계대전 중이던 1917년 영국의 외무장관 아서 밸푸어는 미국 내 유대인들의 환심을 사 미국을 전쟁에 끌어들이기 위해 팔레스타인에 유대인들을 위한 민족국가를 인정한다는 약속을 했다(밸푸어 선언). 하지만 다른 한편으로 영국은 독일 편에 서 있던 오스만투르크 제국 내의 아랍인들의 반란을 지원하면서 아랍인에게도 팔레스타인에 독립국가 설립을 약속했다 (맥마흔 선언). 이처럼 영국은 밸푸어 선언과 동시에 아랍 측에게 팔레스타인을 내주겠다는 맥마흔 선언을 함으로써 중동전쟁의 불씨를 만들었다.

국제연합은 아랍 국가와 유대인 국가를 나란히 건설하게 하려는 팔레스타인 분할 계획을 세우고 있었다.* 아랍인들은 기만당했다고 느끼고 유럽에서 유럽인들이 저지른 대량 학살의 빚을 자신들이 갚게 되었다고 생각하여 유대인 국가를 수립한다는 국제연합의 취지를 거부했다.

이로써 이스라엘-아랍 간의 첫 번째 전쟁이 발발했다.** 이 전쟁에서 신생 이스라엘 정부가 승리를 거두었고, 영국 위임통치령하에서 팔레스타인의 55퍼센트를 차지하던 이스라엘의 영토는 78퍼센트로 확대되었다. 이스라엘-아랍 간의 전쟁으로 수많은 팔레스타인인들은 도망가거나 마을에서 쫓겨나 난민이 되었다. 동예루살렘과 요르단강 서안지구는 요르단에 의해 점령되었고, 가자지구의 지배권은 이집트에게 넘어갔다. 하지만 아랍 국가들은 여전히 이스라엘을 인정하지 않았다. 1956년 이스라엘은 수에즈 운하를 국유화한 이집트를 상대로 영국, 프랑스와 공동으로 군사작전

● 제2차 세계대전 종료 이후인 1947년에 팔레스타인 문제 해결을 위하여 유엔이 제안한 내용으로, 팔레스타인 지역을 유대인 국가, 아랍인 국가로 나누고, 공동성지인 예루살렘에 대해서는 별도로 국제관리하에 둔다는 특별지위를 부여했다.

●● 제2차 세계대전 이후 팔레스타인을 지배하고 있던 영국은 팔레스타인 문제를 유엔으로 넘긴 채 철수했고, 그와 동시에 1948년 5월 14일 이스라엘은 독립을 선언했다. 그러나 인접한 아랍 국가들은 이스라엘의 독립을 승인하지 않았고, 같은 해 이스라엘을 침공했다. 당초 아랍 국가들의 승리가 예상되었으나 이스라엘의 공세로 아랍 국가는 패퇴를 거듭했고 1949년 휴전이 성립되었는데, 이것이 1차 중동전쟁이다.

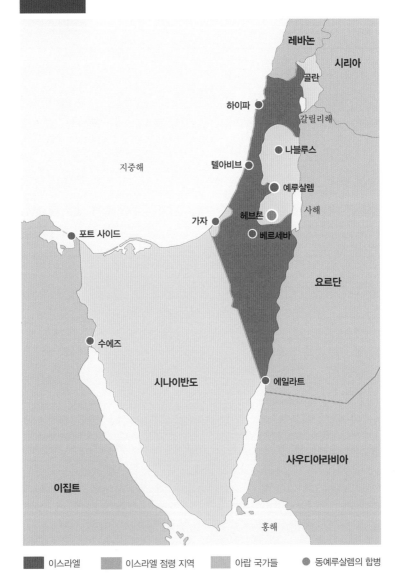

6일 전쟁
이후의
영토 변화

레바논

시리아

골란

하이파

갈릴리해

나블루스

지중해

텔아비브

예루살렘

사해

가자

헤브론

베르세바

포트 사이드

요르단

수에즈

시나이반도

에일라트

사우디아라비아

이집트

홍해

■ 이스라엘   ■ 이스라엘 점령 지역   ■ 아랍 국가들   ● 동예루살렘의 합병

을 전개했지만, 소련이 이집트를 지원하면서 세 나라는 운하에서 철수했다.* 그 후 이스라엘은 다시 기습 선제공격(6일 전쟁)을 벌여, 시리아와 이집트의 병력을 전멸시키고, 이집트의 시나이반도, 시리아의 골란고원, 그리고 동예루살렘, 요르단강 서안지구와 가자지구까지 점령했다.** 1978년 미국의 후원하에 캠프데이비드 협정으로 성사된 이스라엘-이집트 평화로 이집트는 시나이반도를 다시 돌려받았다. 시리아의 골란고원과 팔레스타인 영토를 장악한 것 역시 동맹국인 미국에서는 물론이고 국제사회에서도 인정받지 못했다.

● 1차 중동전쟁 이후 1956년 이집트의 대통령으로 취임한 나세르는 이집트의 독립 후에도 여전히 수에즈 운하 주변에 주둔하고 있던 영국군을 철수시키고 수에즈 운하를 국유화한다고 선언했다. 이에 당시 수에즈 운하의 소유권을 가지고 있던 프랑스와 영국은 이스라엘과 함께 전쟁을 일으켰다. 전세는 이스라엘, 영국, 프랑스에게 유리하게 전개되었지만 미국과 소련의 압박, 국제 여론의 악화로 1957년 세 나라는 군대를 철수했고 수에즈 운하에는 유엔군이 파견되었다. 이것이 2차 중동전쟁(수에즈 전쟁)이다.

●● 1967년 이집트의 나세르가 시나이반도에 주둔한 유엔군을 몰아내고 일방적으로 티란해협을 봉쇄한 후 이스라엘 선박의 통과를 금지하며 두 나라 사이에 다시 전쟁이 시작되었다. 상대가 공격하기 전에 먼저 공격한다는 작전을 세운 이스라엘은 주변국인 이집트, 요르단, 시리아를 6일 만에 격파하고 대승을 거두며 시나이반도는 물론이고 동예루살렘과 요르단강 서안지구와 시리아의 골란고원을 점령했다. 이 전쟁으로 이스라엘은 본래 땅의 거의 6배에 달하는 새로운 땅을 획득했다. 이것이 6일 전쟁이라고도 불리는 3차 중동전쟁이다. 하지만 이후 1974년에서 75년에 걸친 병력분리 협정에 따라 시나이반도의 일부가 이집트령으로 되돌아갔고, 1977년 사다트 이집트 대통령의 이스라엘 방문과 1978년 9월 캠프데이비드 회담을 통해 이스라엘과 이집트가 1979년에 평화협정을 체결하면서 이스라엘은 시나이반도에서 군대를 단계적으로 철수, 1982년에는 시나이반도 전체를 이집트에 넘겨주었다.

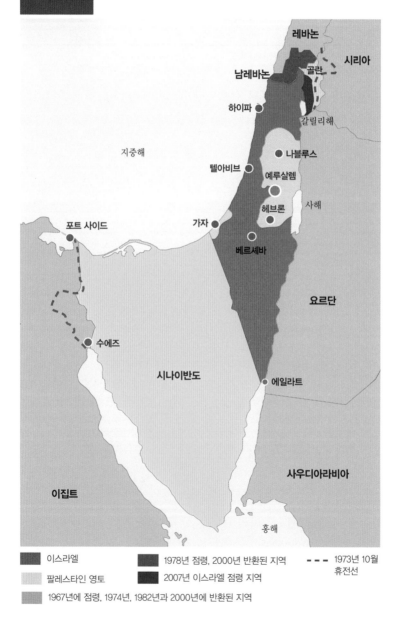

욤키푸르 전쟁 이후 2007년까지 영토 변화

레바논

시리아

남레바논

골란

하이파

갈릴리해

지중해

나블루스

텔아비브

예루살렘

사해

헤브론

가자

베르셰바

요르단

포트 사이드

수에즈

시나이반도

에일라트

사우디아라비아

이집트

홍해

■ 이스라엘

□ 팔레스타인 영토

■ 1967년에 점령, 1974년, 1982년과 2000년에 반환된 지역

■ 1978년 점령, 2000년 반환된 지역

■ 2007년 이스라엘 점령 지역

--- 1973년 10월 휴전선

1973년 이집트와 시리아는 이스라엘을 상대로 다시 전쟁을 일으켰고, 이 전쟁은 현상적으로 아무런 변화 없이 끝났다.[*] 1960년대에 들어서며 팔레스타인에서 민족주의 움직임이 일어나며 1980년대 말에는 '평화와 영토의 맞교환land for peace'으로 의견이 모아졌고, 이스라엘의 존재를 받아들이는 방향으로 변화했다. 그 결과 1948년의 분할 계획에 따른 경계선이 아닌, 1차 이스라엘-팔레스타인 전쟁 이후의 국경선, 즉 1967년 이전에 이스라엘이 획득한 영토를 유지하는 선에서 팔레스타인 국가가 건설되었다.[**]

1980년대 말에는 분쟁의 양상에 변화를 가져온 세 가지 사건이 일어났다. 우선 팔레스타인에서 이스라엘에 대항하는 민중 봉기, 인티파다intifada가 일어났다.[***] 이는 더 이상 외부의 군사적 수단

---

[*] 3차 중동전쟁 이후 이스라엘과의 전쟁을 이끌던 이집트의 나세르 대통령이 갑작스럽게 사망하며 당시 부통령이던 사다트가 뒤를 이었다. 사다트가 1973년 시리아와 연합하여 이스라엘을 공격하며 4차 중동전쟁(욤키푸르 전쟁)이 발발했다. 전쟁 초기에는 이집트와 시리아에게 유리한 전세가 이어졌으나 이스라엘이 전열을 가다듬고 반격하며 승기를 잡기 시작했다. 결국 미국과 소련의 중재로 전쟁은 종결되었다.

[**] 이 안은 1974년 유엔 결의안을 통해 기본적인 틀이 제시되었고, 이후 1993년과 1995년 두 차례에 걸쳐 체결된 오슬로 협정에서 확립되었다. 이에 따라 이스라엘은 1967년 3차 중동전쟁을 통해 획득한 가자지구와 요르단강 서안지구를 팔레스타인에 반환했고, 1996년 이 지역에 팔레스타인 자치정부가 수립되었다.

[***] 봉기, 반란, 각성 등을 의미하는 아랍어로, 1987년부터 일어나기 시작한 팔레스타인인들의 독립운동을 지칭한다. 1987년 이스라엘군의 지프차에 치여 팔레스타인인이 사망한 사건을 계기로 시작된 인티파다는 이집트나 시리아 등 주변의 아랍 국가들 중심으로 이루어지던 저항운동이 팔레스타인 내부에서 대중운동 형태로 처음 나타난 사건이었다.

에 의지하지 않은, 민중들의 저항운동이었다. 소련의 붕괴로 그곳에 거주하던 유대인들 100만 명이 이스라엘로 이주하면서 이스라엘은 자신이 점령한 영토에서 지정학적으로 더 유리한 위치에 서게 되었다. 걸프전이 발발하며 아랍 세계의 여론에서 팔레스타인 문제가 중요하게 부각되었고, 미국은 팔레스타인인들과 단절하지 않으려면 이 지역의 문제를 서둘러 해결하는 것이 시급함을 깨닫게 되었다. 1993년에 체결된 오슬로 협정은 팔레스타인인들은 이스라엘을 인정하고, 이스라엘은 팔레스타인 국가 건설을 허용하며 점진적으로 철수한다는 내용을 포함하고 있었다. 하지만 오슬로 협정을 성사시킨 이츠하크 라빈Yitzhak Rabin 이스라엘 총리가 극우 성향의 유대인에게 암살당하는 사건이 일어났다. 또한 협상 기간 중에도 이스라엘이 팔레스타인 영토에 대해 식민지화를 추진하고, 이스라엘을 인정하기를 거부하는 하마스*의 급진적 팔레스타인인들이 테러 공격을 자행하면서 평화협정의 내용은 신뢰를 잃게 되었다. 2011년 초에는 평화협상에 늘 반대하던 아리엘 샤론Ariel Sharon 정권이 이스라엘에 들어서고 2001년 9.11 테러 이후 서구 세계와 이슬람 세계 사이에 대립의 기류가 감돌면서, 평화에 대한 희망은 멀어지고 폭력이 격화되었다.

● 1987년 이스라엘에 저항하는 팔레스타인 무장단체로 창설, 2006년 팔레스타인 자치정부의 집권당이 되었다.

역설적이게도 앞으로 진행될 협약의 윤곽은 서로 다른 이해 당사자들 사이에서 합의되었는데, 그 내용은 다음과 같다. 1967년에 이스라엘이 획득한 영토에 팔레스타인 국가를 건설하며, 아랍 국가 전체가 이스라엘을 인정한다. 동예루살렘을 이스라엘과 팔레스타인 국가 각각의 수도로 지정한다. 상호 합의된 방식으로 보상한다는 조건하에 식민지화할 수 있는 영토를 서로 교환한다. 팔레스타인 난민에 대해서는 정치적으로 그들이 입은 피해는 인정하지만 (유대인이 다수를 차지하는 국가로 남기 위해) 실질적인 귀환은 수용하지 않는다.

팔레스타인은 정치적 그리고 영토적으로 (파타당이 지배하는) 요르단강 서안지구와 (하마스당이 지배하는) 가자지구로 나뉘어 있다. 가자지구는 봉쇄 조치하에 있는데, 이는 이스라엘과 이집트가 공동으로 조직한 것이다. 2014년 7월 하마스가 이스라엘 남부에 로켓 공격을 가하자 이스라엘은 이에 대량 폭격으로 응수했는데, 이로 인해 팔레스타인 쪽에 약 2,000명의 사망자가 발생했다.

이스라엘에서는 오슬로 협정을 계속 반대하던 베냐민 네타냐후 Benjamin Netanyahu 총리가 2015년 재당선되었다. 그는 시간이 자신의 편이라고 생각하고, 현재의 상태를 기정사실로 확정하려는 정책을 취하고 있다. 소수파로 전락한 이스라엘의 평화 진영은 이스라엘 정부의 이러한 입장이 장기적으로 유효하지 않다고 생각하고 있다. 하지만 이스라엘 사회의 우파에서는 극우 성향을 가진 구 소련 이민자들의 정치적 중요성이 더 커지고 있다. 2015년 총선 이후 네타냐후 총리는 우파와 극우파의 세력을 연합한 동맹을 이끌고 있다.

2015년 9월 중순, 템플 마운트와 모스크 광장에서 발생한 유대교도들의 도발로 예루살렘에서는 팔레스타인 청년들과 이스라엘 경찰들 간의 충돌이 발생했고, 이로 인해 요르단강 서안지구에서는 시위와 개인들의 산발적인 공격이 이어졌다(이는 이후 텔 아비브까지 확산되었다). 칼의 인티파다는 이스라엘 측에 30여 명, 팔레스타인 측에 200여 명의 사망자를 냈고, 목숨을 잃은 팔레스타인인들은 대부분의 경우 칼을 사용해 공격한 것으로 추정된다. 2015년 10월 이후에도 140건 이상의 공격이 이어졌다.

이스라엘과 팔레스타인 사이의 분쟁이 잠재적인 문화 충돌의 진앙이라는 점을 고려한다면, 이는 국제사회의 주요한 쟁점이라고 할 수 있다. 이 분쟁은 지정학적 범위나 사망자의 수를 볼 때 규모가 크지는 않지만(지구를 피로 물들인 다른 수많은 분쟁들에 비해 적은 사망자를 냈다), 상징적인 중요성을 띠고 있으므로 전략적으로 중요하다. 아랍과 이슬람 그리고 더 넓게는 식민지에서 해방된 국가들 대부분은 이스라엘이 계속 팔레스타인을 점령하고 있는 것은 미국을 선두로 한 서구 국가들이 이스라엘을 정치적, 법적, 전략적으로 강력하게 지원하기 때문이라고 생각한다. 이러한 점은 민주주의와 민족자결권을 격찬하지만 자신들의 동맹 중 하나가 연관되었을 때는 다른 입장을 취하는 서구 국가들의 이중성이 증명해 보이고 있다. 반 서구적 입장을 가진 이들에게 팔레스타인 문제의 원인은 상징적인 것이 되었다.

2016년 6월 3일 평화를 위한 국제회담이 파리에서 열렸고, 28개 국가와 국제기구들이 모였지만, 정작 주요한 두 당사국은 불참했다. 이스라엘은 이 회담이 평화를 퇴보시킨다며 반대했다.

한편 2017년 10월 초 팔레스타인의 총리는 하마스가 지배하고 있는 가자지구에 갔다. 고립된 상태에 놓인 하마스가 적과의 화해 분위기를 조성하며 팔레스타인의 분열이 끝날 것이라는 기대감을 높이고 있다. 하지만 과거에도 이런 화해 시도는 수차례 실패한 바 있다.

■■■ 요약

때로 종교적 혹은 민족적 문제인 것처럼 소개되지만, 이스라엘과 팔레스타인의 분쟁은 사실 전형적인 영토 분쟁이다. 수년 동안 갈등이 계속되는 팔레스타인은 문명 충돌의 가능성이 있는 핵심 지역으로서 전략적 중요성을 갖게 되었다. 또한 이 지역의 갈등은 이슬람 세계와 서구 세계의 관계를 결정하는 중요한 요인이기도 하다.

CHAPTER 4

서구 국가에 던진
세 가지 질문

– 이란

이란은 오랜 기간 동안 서구 국가들과 아랍의 이웃국가들 그리고 이스라엘에게 위협적인 존재로 여겨졌지만, 반대로 이 국가들 역시 이란에게 위협으로 느껴지는 것 또한 사실이다.

내부의 정치적 문제(체제에 대한 부인) 이외에도 이란은 서로 다른 세 부류의 국가들, 즉 이웃 아랍 국가들, 이스라엘, 미국을 비롯한 서구 국가들과 각각 적대적인 관계를 유지하는 가운데 세 가지 지정학적 위협을 마주하고 있다. 이란은 이 세 종류의 지정학적 집단에게 위협으로 느껴지고 있으며, 이란 역시 자국의 정권 교체를 원하는 세 집단 모두에게서 각각 위협을 느끼고 있다.

이란과 아랍 국가들은 모두 이슬람 세계에 속하기는 하지만, 지정학적으로 늘 적대적 관계에 있었다. 이란은 페르시아 제국의 계승자로, 수니파가 지배하고 있는 다른 아랍 국가들과 달리 시아파의 나라이다. 이란은 '샤Shah(왕이라는 뜻의 페르시아어)'의 체제하에서 친서구, 특히 친이스라엘 정치를 해왔다. 호메이니에 의해 샤 체제가 전복되며 이란과 미국, 이스라엘 사이의 동맹은 깨어졌고, 이란으로부터 혁명의 분위기가 전파되는 것을 두려워하던 주변 아랍 국가들과도 반목하게 되었다. 이란은 걸프만에 거주하는 중요한 소수 시아파들의 규합을 시도하며, 아랍 정권들과 미국의 동맹을 규탄했다. 페르시아 민족이며 시아파이고 혁명적인 이란의 위협으로부터 아랍의 방어벽을 자처하던 이라크는 이란을 상대로 장기적인 전쟁(1980~1988)을 시작했고, 1975년 이란의 군주 샤에 의해 병합되었던 샤트 알 아랍강을 장악했다.

샤가 통치하던 시절에 미국은 이란을 걸프만 지역의 보안관으로 만들려고 했다. 하지만 1979년 테헤란의 미국 대사관에서 외교관을 인질로 잡으면서 이란 혁명*이 일어났고, 양국 사이는 외교, 경제, 상업 등 모든 측면에서 전면적으로 단절되었다. 혁명으로 정권이 교체된 이란은 미국을 거대한 사탄이라 여기며 규탄했다. 조지 부시 대통령은 2002년 1월 이라크 전쟁을 예고하는 담화에서 이란을 북한, 이라크와 함께 "악의 축"으로 규정했다. 이란은 핵 프로그

---

* 1979년 2월 11일 호메이니가 미국의 지원과 막대한 석유 이익을 기반으로 국민을 탄압하던 팔레비 왕조를 무너뜨리고 이슬람 원리주의에 입각한 이란 이슬람공화국을 탄생시킨 혁명

램이 민간 용도라고 주장했지만, 유럽과 미국 등 서구 국가들은 군사적 목적이 있다고 의심하며 이란에 제재를 가하기 시작했다. 이란의 핵 위협은 서구 국가들에게 세 가지 고민거리를 안겨주었다. 이란의 핵 문제는 핵 확산 방지를 위한 전반적인 규제에 대한 문제 제기이자, 그들의 권위와 국제적 신용도에 대한 도전이며, 그들의 동맹국인 이스라엘에게 위협이 될 수 있는 불안의 씨앗이다.

이라크 전쟁은 공식적으로 이라크의 대량살상무기 프로그램에 반대하여 시작되었지만, 이 전쟁의 패배로 미국은 한시적이지만 이란에 대한 군사적 대응을 포기할 수밖에 없었다. 2010년 12월 이란이 탄도미사일 실험을 시작하자 북대서양조약기구(NATO) 회원국들은 대미사일 방어시스템을 장착하기로 결정했다. 이것은 (이제까지는 허용되지 않는다고 가정했으나) 암묵적으로 이란이 핵무기를 갖출 수 있음을 인정하는 것이었다. 또한 이것은 핵 억제력이 이란에 대해 작동하지 않음을 시인하는 것이었다. 그럼에도 불구하고, 이란이 선제 공격을 할 경우 서구 세계로부터 받을 보복과 두 세력 사이의 힘의 불균형을 생각하면 이란이 유럽 영토에 대해 탄도미사일 공격을 시도하는 것은 불가능한 일이다. 이란의 군사 예산은 150억 달러에 불과한 데 비해 NATO 회원국들의 군사 예산은 모두 1조 달러에 달한다.

1979년 이스라엘과 이란의 동맹이 깨지면서 이란은 이스라엘의 가장 강력한 적수임을 자처했고, 문화적·종교적 차이에도 불구하고 아랍 세계의 여론에서 이란의 인기는 높아가고 있다. 아랍 국가의 일부 여론은 자국의 지도자들이 미국과 이스라엘에 너무 순순히 타협하고 있다고 비난하고 있다. 공식적 추산으로 이스라엘은 80개의 핵탄두를 갖추고 있고, 실제 전략적으로 이란으로부터 공격을 받을 위험은 없다. 이스라엘은 핵무기 보유에 대한 자신들의 의지를 정당화하기 위해 이스라엘을 지도상에서 지워버리겠다고 위협한 아마디네자드Ahmadinejad 이란 대통령의 발언을 부각시켰다. 비록 이란이 핵무기를 보유하고 있다고 해도 이스라엘은 자국 영토에 대한 이란의 모든 공격 위협을 억제할 수 있는 충분한 능력을 갖추고 있다. 이란이 단 한 방이라도 이스라엘을 향해 미사일을 발사한다면, 그 미사일이 이스라엘에 닿기도 전에 이란이 먼저 지도상에서 지워질 것이다. 이스라엘이 용인할 수 없는 것은 국경을 접하지도 않은 적과 전략적으로 균형을 유지하고 있다는 사실이다. 이란이 잠재적인 군사용 핵무기 프로그램을 갖추려는 이유는 사실상 외부의 위협으로부터 국가의 안전을 보장받으려는 데 있다.

하지만 경제 제재로 이란의 국력은 약화되었고, 국민들은 억압적 체제에 지쳐 있다. 2013년 6월 대통령으로 선출된 중도 성향의 하산 로하니Hassan Rouhani 대통령은 개방의 의지를 확고히 했다. 2015년 7월 이른바 P5+1(미국, 중국, 러시아, 영국, 프랑스의 5개 핵 보유국과 독일)의 장관들과 이란 대통령은 이란에 대한 제재를 점진적으로 철회하는 대가로 이란의 핵 프로그램을 비군사화하는 협정에 서 명했다. 이 협정에서 군사적 해결 방안은 배제되었고, 이란과 서구 국가들 간의 관계 정상화에 대한 기대가 구체화되고 있다.

현재 사우디아라비아와 아랍에미리트를 선두로 한 아랍 국가와 걸프만의 수니파 국가들은 이란의 부상을 두려워하고 있고, 이들 은 이라크, 레바논, 예멘은 물론이고 (이란과 같은 시아파인) 시리아 의 바샤르 알 아사드 정권의 충성 지지자들에게까지 영향을 미치 고 있다. 그들은 2015년 비엔나에서 오바마 대통령이 이란에게 호 의를 베풀어 핵 협정에 서명한 것에 대해 비난했다. 그들은 이란에 대해 적대적인 트럼프 대통령이 선출된 이후 안심하고 있다. 1년 전부터는 미국-이스라엘-사우디아라비아를 중심으로 이란에게 적대적인 세력이 커지고 있다. 반면 유럽 국가들과 중국, 러시아는 이란의 핵 협정을 전적으로 수용하고 있다.

요약

미국, 서구 국가들 그리고 이스라엘과 동맹관계에 있던 이란은 호메이니의 혁명 이후 이 국가들과 적대적 관계를 키워왔다. 이웃 아랍 국가들은 이란 혁명이 전 파되는 것에 대해 두려움과 불안감을 느끼고 있다. 또한 민간 목적이라고 주장 하지만 군사적 목적을 가진 것으로 추정되는 이란의 핵 프로그램에 대해 세계가 우려하고 있다.

CHAPTER 5

영토를 얻고
국민을 잃다

– 아프가니스탄

1979년 12월 소련의 군사 개입이 시작된 이후 아프가니스탄은 계속 전쟁 중이다.

19세기 아프가니스탄은 러시아와 영국 간에 벌어졌던 '그레이트 게임Great Game'● 이라는 영향력 싸움의 대상이 되었다. 아프가니스탄에게 큰 패배를 맛본 후, 영국은 아프가니스탄을 준보호령으

● 19~20세기 초에 영국과 러시아가 중앙아시아 내륙의 주도권을 두고 벌였던 패권 다툼. 제국주의 시기 영국은 인도의 이권을 지키기 위해, 러시아는 영토 확장을 위해 아프가니스탄에서 사활을 건 경쟁을 벌였다. 당시 영국은 러시아가 인도까지 진출할 것이라고 판단하고 인도로 넘어오는 길목인 아프가니스탄을 3차에 걸쳐 침공해 점령하며 러시아의 진출을 막으려고 했다. 러시아는 남쪽 부동항을 찾으려는 남하 정책의 거점을 마련하기 위해 현재의 중앙아시아내륙국들을 점령했고, 당시 페르시아로 진출하며 영국과 충돌했다. 이후 그레이트 게임은 중국과 극동지역으로까지 확대되었고, 러일전쟁에서 러시아가 패배하면서 막을 내렸다.

로 만들었다. 1893년 영국은 듀랜드 라인*을 아프가니스탄과 파키스탄의 국경선으로 정하면서 아프가니스탄의 영토 일부를 빼앗았는데, 이곳이 오늘날 '연방직할부족지역FATA'이다.** 이 지역에는 3~4,000만 명의 파슈툰족이 거주하고 있는데, 이들은 파키스탄 전체 인구의 15퍼센트에 불과한 반면 아프가니스탄의 파슈툰족은 아프가니스탄 인구의 40퍼센트인 1,500만 명에 이른다.

냉전 기간 중 아프가니스탄인들은 비동맹을 선언했다. 1978년 쿠데타로 아프가니스탄 공산당 내의 권력이 나뉘자 소련은 두 파벌 간의 대립을 끝내려는 목적으로 1979년 아프가니스탄을 침공했다. 공산주의 체제의 전복을 막기 위해 시작한 이 전쟁은 소련에게는 수렁이 되었다. 제3세계의 미 제국주의자들과 달리 자신은 동맹임을 주장하던 소련은 이 전쟁으로 특히 이슬람 세계에서 그 명성을 실추시켰다. 미국은 그들이 급진파인지 온건파인지를 생각

● 1893년에 영국령 인도의 외무장관이었던 모티머 듀랜드와 아프가니스탄의 군주 압두르 라만 칸이 체결한 협정으로 정해진 인도와 아프가니스탄 사이의 국경선. 이 국경선으로 인해 현재 아프가니스탄 인구의 절반 가까이를 차지하는 파슈툰족이 대대로 살아오던 지역의 많은 부분이 영국령 인도에 포함되었다.

●● 1947년 인도로부터 독립한 파키스탄은 듀랜드 라인 협정을 계승한 데 반해, 1949년 아프가니스탄은 협정을 체결했던 영국령 인도의 실체가 소멸했으므로 듀랜드 라인은 무효라고 일방적으로 선언했다. 파키스탄은 아프가니스탄의 선언을 인정하지 않고 있지만, 현실적으로 파키스탄 정부의 힘이 이 지역까지 미치지 못하고 있고, 결국 아프가니스탄과의 접경 지역에 연방직할부족지역(Federally Administered Tribal Areas, FATA)을 인정, 파슈툰족의 자치권을 허용했다.

하지 않은 채 자유의 전사들처럼 여겨지는 무자헤딘*을 지원했다. 이에 대해 미국의 정치가 브레진스키는 역사적 척도로 볼 때 급진적 이슬람주의자들에게 보낸 지원은 소련의 추락에 비해 상대적으로 적은 대가라고 말하기도 했다. 1988년 아프가니스탄과의 전쟁에서 승리할 수 없고 국력만 소모할 뿐임을 자각한 고르바초프는 아프가니스탄에서 철수하기로 결정했다. 그렇지만 평화가 자리 잡은 것은 아니었다. 소련군이 철수한 이후에도 각각의 군벌들이 서로 대립하며 내전이 이어졌고, 그 과정에서 이미 상처투성이었던 나라는 파산 상태에 빠졌다. 그리고 1996년 급진적 이슬람교 신봉자인 파슈툰족, 탈레반 무장세력이 정권을 잡았다. 국민들은 이전에 국가를 휩쓸던 무정부 상태와 불안한 치안보다는 차라리 자유를 침해받더라도 엄격하게 질서가 유지되는 편을 더 원하고 있다. 아프가니스탄이 인도의 영향권으로 넘어가는 것을 우려하던 파키스탄은 탈레반을 지원했다. 마수드 사령관이 이끌고 있는 비파슈툰동맹인 북부동맹이 탈레반에 대항했지만, 이후 2001년 9월 9일

● '성전(지하드)에서 싸우는 전사'라는 의미로, 좁게는 아프가니스탄의 반군을, 넓게는 이슬람 국가의 반정부 단체나 무장게릴라 조직을 통칭한다. 1979년 소련이 아프가니스탄을 침공하여 기존의 공산정권을 무너뜨리고 새로운 친소 정권을 수립했을 때 저항에 나선 이들을 무자헤딘이라고 부르기 시작했다. 이때 이슬람권 전역에서 무슬림 전사들이 소련에 맞서고자 아프가니스탄으로 몰려들었다. 소련을 견제하고자 했던 미국은 무자헤딘을 적극적으로 지원했으며 파키스탄, 사우디아라비아 등도 이들을 지원했다. 결국 소련은 10년간 5만 명에 달하는 희생자를 내고 1989년 아프가니스탄에서 철수했다.

테러 공격으로 마수드 사령관은 희생되었다. 2001년 9월 11일 테러 후, 탈레반 정권은 알 카에다에게 은신처를 제공하며 빈 라덴의 신변을 미국에 인도하기를 거부했다. 그 대가로 미국은 탈레반을 상대로 군사작전을 개시했다. 미국의 공격을 받은 탈레반 정권이 붕괴하자 파슈툰족인 하미드 카르자이Hamid Karzai가 권력을 잡았고, 유엔 안전보장이사회의 위임을 받아 2001년 12월 20일부터 국제안보지원군이 배치되었다. 카르자이는 국가를 장악하지 못하고, 얼마 지나지 않아 비효율적인 국가 경영과 부패로 비난을 받았다. 그는 현재 옛 군벌 세력에 의지하고 있는데, 이들은 국제 원조의 상당 부분을 횡령했다는 수많은 비리 혐의를 받고 있다.

아프가니스탄은 여전히 저개발과 불안정에 시달리고 있다. 그리고 2002년 말부터 미국이 이라크에 집중하느라 아프가니스탄을 방치한 사이에 탈레반 세력이 살아나면서 조금씩 정당성을 회복하기 시작했다. 아프가니스탄 전쟁은 코소보 전쟁 이후 두 번째로 NATO가 자신들의 안전지대에서 멀리 떨어진 곳에 파병하여 수행한 전쟁이었다. 이 전쟁을 진보적으로 설명하면, NATO 회원국들의 안전을 위해 아프가니스탄에서 벌인 반테러리즘 전쟁이라고 할 수 있다. 하지만 NATO군은 과거 소련과 비슷한 처지에 놓인 채 완벽한 승리를 얻지 못하고 철수했다. 시간이 지나면서 해방군으로 주둔했던 NATO군은 점령군처럼 되어갔고, 탈레반은 외부 군대의 주둔에 대항하는 싸움이라는 명목으로 다시 대중의 인기를 얻기 시작했다.

2011년부터 NATO군에서 정부군으로 국가 안보를 이전하는 과정이 시작되었다. 2014년까지 완전 철수를 할 예정이었지만, 2016년까지도 아프가니스탄에는 8,500명의 미군이 남아 있었다. 2015년 파슈툰족 출신인 아슈라프 가니Ashraf Ghani가 대선에서 성공했고, 2차 투표에서 패배했던 압둘라 압둘라Abdullah Abdullah와 정권을 나누어 가졌다. 하지만 그렇다고 평화가 정착된 건 아니다.

트럼프 대통령은 아프가니스탄에서 철수하는 것을 적극 지지했지만, 2017년 8월 탈레반이 이 지역을 점령할 상황이 되자 미군 수천 명의 추가 파병을 결정했다. 아프가니스탄의 정규 군대가 장악하고 있는 영토는 2016년 72퍼센트에 비해 2017년 말 전체 영토의 57퍼센트에 불과한 실정이다. (SIGAR 보고서*)

아프가니스탄의 전쟁은 기술적 우월성에도 불구하고 외부 군대가 한 국가를 점유하는 것이 얼마나 어려운지를 보여준다. 기술적으로 우월한 국가는 쉽게 전쟁에서 이길 수 있다. 2016년 5월 탈레반의 수장인 만수르Mansour는 미국의 드론에 의해 피살당했다. 하지만 장기적 관점에서 볼 때, 주민들이 그들을 받아들인다는 보장은 없다. 한 나라의 영토를 정복하는 것은 그 국민을 정복하는 것보다

---

* Special Inspector General for Afghanistan Reconstruction, 아프가니스탄 재건을 위한 특별 감시관

훨씬 수월하다.

■■■ 요약

1979년 소련은 아프가니스탄에서 소모전을 벌인 끝에 철수했다. 하지만 소련군의 철수는 평화를 가져오기는커녕 아프가니스탄을 혼돈에 빠뜨렸다. 탈레반은 질서를 다시 세웠지만, 알 카에다를 받아들였다. 알 카에다는 그곳에서 2011년 9월 11일 테러 공격을 조직할 수 있었다. 미국과 NATO는 가시적인 군사적 승리 없이, 아프가니스탄에서 2011년 말 이후로 계속 전쟁을 치르는 중이다.

CHAPTER 6

누구도 양보할 수 없는 지역, 카슈미르

— 인도와 파키스탄

영국령 인도 제국에서 독립한 인도와 파키스탄은 국가가 탄생한 이래 영토와 사상의 문제를 놓고 계속 분쟁을 겪고 있다.

1947년 영국으로부터 독립한 인도와 파키스탄은 카슈미르를 놓고 세 차례나 전쟁을 벌였고, 이밖에도 카슈미르에서는 수많은 소규모 접전과 테러가 끊이지 않았다.

두 국가에게 카슈미르를 합병하는 것은 자신들만의 국가를 만들기 위한 구상의 하나였다. 인도는 다문화, 다민족 국가로서 특정 종교의 구애를 받지 않으므로 인도가 무슬림들의 영토인 카슈미르를 병합하는 것 또한 전혀 문제가 되지 않는다. 하지만 영국령 인도 제국에서 무슬림들을 집결시키기 위해 만들어진 파키스탄에서는 이슬람이라는 종교가 국가를 구성하는 결정적 기준이었다.

따라서 파키스탄의 입장에서는 대다수가 무슬림으로 구성되어 있는 카슈미르는 논리적으로 파키스탄에 병합되는 것이 당연했다.

독립 당시 카슈미르의 마하라자Maharaja(인도에서 왕을 지칭하는 말) 하리 싱Hari Singh은 인도에 동조했다. 이 결정에 반발해 1947년 파키스탄은 즉각적으로 전쟁에 돌입했고,* 이 전쟁으로 카슈미르 지역은 휴전선Line of Control(정전 통제선)에 의해 인도 통치령과 파키스탄 통치령으로 나뉘었다.

무엇보다 카슈미르에는 인도군의 주둔에 반대하는 세력들이 주로 파키스탄의 지원을 받아 단단하게 자리 잡았다. 카슈미르 지역의 주민들은 인도군의 점령 상태에 상당한 거부감을 가지고 있었고, 경제적 발전을 원했다. 인도에 반대하는 세력들은 초기부터 무장이 되어 있었고, 이들의 군사적 공격과 인도 정부군의 진압이 끊임없이 반복되었다. 실제로 이 지역에는 인도에 대한 대중적 적대감이 자리 잡고 있는데, 이는 인도를 불안하게 하는 요소이다. 인도는 이 지역을 둘러싼 분쟁을 국제화하는 것은 물론 이 지역에 자치권을 부여하는 것 또한 거부하고 있다. 이 지역에서 군사적 우위를 점하고 있는 인도는 국제사회의 감시가 자신에게 피해가 될 뿐이

● 당시 카슈미르는 대부분의 지역 주민이 무슬림이었지만, 소수의 힌두교계가 통치권을 행사하고 있었다. 1947년 10월 이슬람 세력 간의 불화를 틈타 힌두교도였던 마하라자가 인도 편입을 결정하자 주민 대다수를 차지하는 무슬림들이 폭동을 일으켰다. 이에 파키스탄이 지원 병력을 파견했고, 인도도 이에 맞서 군을 동원했다. 이것이 1차 인도-파키스탄 전쟁이다.

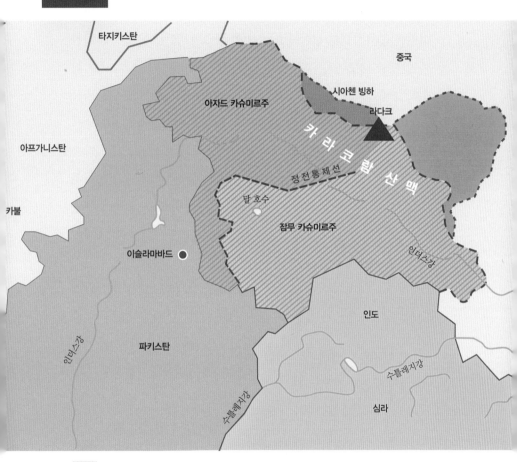

인도와 파키스탄 대립 상황

타지키스탄

중국

아자드 카슈미르주

시아첸 빙하

라다크

아프가니스탄

카 라 코 람 산 맥

카불

정전통제선

달 호수

잠무 카슈미르주

인더스강

이슬라마바드

인도

파키스탄

수틀레지강

인더스강

수틀레지강

심라

◫ 파키스탄 통제 지역이나 인도가 소유권을 주장하는 지역

◫ 인도에 재합병되었으나, 파키스탄이 반론을 제기 중인 지역

◼ 파키스탄이 중국에 양도한 지역이나 인도가 소유권 주장

◼ 아커사이친, 중국 행정지역이나 인도가 소유권 주장

라고 생각한다. 카슈미르의 자기결정권을 인정하면 카슈미르는 결국 인도로부터 독립할 것이라는 사실을 인도는 잘 알고 있다. 카슈미르를 군사적으로 점령하고 이 지역에서 발생하는 분쟁에 대처하는 인도의 태도는 궁극적으로 국제 무대에서 국가의 이미지를 실추시킬 수 있다. 이는 인도가 주장하는 민주주의 원칙과 모순되는 것으로, 결국 인도는 제한적인 자치의 원칙을 받아들였다.

미국은 카슈미르 지역의 분쟁이 해결되어 파키스탄이 테러 방지 대책에 집중하고 전적으로 아프가니스탄 사태의 해결에 참여하기를 바라고 있다. 그렇게 된다면 미국은 파키스탄과의 오랜 동맹을 유지하는 동시에 최근 전략적으로 인도와 우호적 관계를 맺으려는 두 가지 목적을 모두 이룰 수 있을 것이다.

자치권을 갖게 될 경우 카슈미르는 인도나 파키스탄에 병합되기보다는 독립을 선택할 것으로 예상된다.

하지만 지금으로서는 현상 유지의 가능성이 높아 보인다. 인도도 파키스탄도 카슈미르 지역을 양도할 의향이 없기 때문이다. 2015년 12월 인도의 나렌드라 모디Narendra Modi 총리가 파키스탄의 샤리프Sharif 총리를 깜짝 방문하는 역사적인 사건이 있었지만, 2016년 여름 카슈미르에서 또 다시 폭력 사태가 발생했다. 인도와 파키스탄에서는 위기와 (대체로 불발에 그치는) 화해의 시도가 반복되고 있다.

카슈미르는 현재 세계에서 가장 군사화된 지역 중 하나이다.

■ 요약

1947년 독립한 이후 인도와 파키스탄은 카슈미르를 두고 서로 대립하고 있다. 카슈미르의 가장 넓은 지역은 인도가 점령하고 있지만, 이 지역 주민의 대부분은 무슬림이다. 인도의 카슈미르 점령은 이제 이 지역 주민들 사이에서도 논란이 되고 있으며, 이는 결국 인도의 이미지 실추로 이어질 것이다.

CHAPTER 7

역사적 정통성은
누구의 것인가?

— 중국과 대만

     중국은 비록 대만에서 주권을 행사하지는 못하지만 그곳을 중국 영토의 일부라고 생각한다.

    1949년 마오쩌둥이 장제스에게 승리를 거두었다. 공산당은 중국 대륙 본토에서 권력을 잡은 반면 국민당 군대는 1945년까지 일본이 점령하던 대만으로 도피했다. 공산당과 국민당은 각각 자신이 중심이 되어 무력을 이용해 중국을 재통합할 수 있으리라 믿으며 독자적으로 중국을 대표하려고 생각했다. 마오쩌둥에게 패했지만 장제스는 유엔 안전보장이사회의 상임이사국 자리를 유지했다. 또한 미국과 전략적 동맹관계를 유지하며 대륙 본토의 중국이 대만을 침략하지 못하도록 했다. 대만의 생존은 냉전체제와 공산당이 장악한 중국 본토에 대한 서구 사회의 견제 그리고 대만의 안전을 보장한 미국의 신뢰도에 달려 있었다. 그 과정에서 공산당 독재 권력과 군부 독재 권력은 누가 중국 대표로서 적법성을 갖는지를 두고 다투었다. 둘 중 한쪽과 외교관계를 가진 국가는 다른 쪽과는 외교관계를 맺을 수 없다. 공산주의 체제의 중국이 (대약진운동, 문화대혁명과 같은) 정치적 불안에 빠져 경제적으로 침체를 겪고 있는 동안 대만은 미국, 일본과 협력하며 경제적으로 큰 발전을 이루었고, 아시아의 네 마리 호랑이 중 하나로 부상했다.

하지만 소련이 주요한 위협이 되리라고 생각한 미국의 닉슨 대통령과 키신저는 중국과 소련의 불화를 틈타 소련에 반대하는 역동맹을 맺기 위해 베이징에 접근했다. 결국 중화인민공화국은 유엔에서 대만의 자리를 차지했다. 미국은 대만과 맺었던 모든 외교관계를 단절하고 중국을 대표하는 유일한 국가임을 자처하는 중화인민공화국과 외교관계를 수립했다. 하지만 대만과 전략적 방어동맹은 그대로 유지했다.

대만의 경제 발전은 민주화로 이어졌다. 대만의 일부 정치 세력은 공식적으로 독립을 선언할 것을 주장하지만, 대다수의 대만인들은 그것이 중국을 자극하여 전쟁의 명분을 만들 우려가 있다고 생각하며 독립선언에 반대하고 있다. 대만은 더 이상 중국 전체의 대표임을 주장하지 않은 채 현 상태를 유지하고 있다. 그러나 시간이 자신의 편이 되어주길 기대하면서 독립선언까지는 아니더라도 스스로 만족할 수 있는 사실상의 독립을 조금씩 공고히 하고 있다.

1980년대부터 중화인민공화국은 큰 폭의 경제 발전을 이루었다. 베이징은 늘 중화인민공화국으로 통일된 하나의 중국이라는 정책을 표방하며, 대만을 그들의 품으로 다시 돌아와야 할, 변절 중인 하나의 지방으로 여긴다. 중국의 경제 발전과 함께 국제사회에서 중국이 차지하는 비중이 커지면서 거의 모든 국가들은 대만과의 관계를 끊고 중국과 외교관계를 수립했다. 두 나라 사이에도 경제적 교역이 진행되며, 냉전의 분위기는 잠시 잊혀졌다. 그렇지만 베이징은 여전히 대만 내부의 정치적 논쟁, 특히 독립에 관한 움직임과 다른 국가들이 대만과 맺고 있는 관계에 대해 촉각을 기울이고 있다.

한편 홍콩과 마카오가 반환되면서 대만 또한 다시 중요하게 부각되고 있다. 중국은 '하나의 국가, 두 개의 체계'라는 구상을 발전시켰는데, 이는 홍콩에서와 마찬가지로 중화인민공화국의 테두리 안에서 대만에 어느 정도의 자치권을 인정하는 것을 의미한다. 하지만 대만인들은 이런 식의 자치권에 만족하지 않고 있다. 대만인들은 베이징이 강요하는 체제를 받아들이기보다 사실상의 독립을 이루기를 선호하며 민주적인 시스템을 유지하기를 원한다. 베이징은 언제나 그렇듯 협상을 통해 통일을 이루는 것을 목표로 하고 있다. 하지만 공식적으로는 강제적 통일의 가능성도 배제하지는 않는다. 대만은 여전히 미국과 연합관계를 유지하고 있는데, 워싱턴이 중요하게 여기는 것은 자국의 국제적 신뢰도이다. 만일 미국이 대만 문제를 베이징에 맡긴다면, 미국은 아시아와 태평양 지역에서 신뢰를 잃게 될 것이다.

중국에게 대만을 다시 통합하는 것은 정치적으로 매우 중요한 문제이자 국가의 핵심 과제이다. 이는 중국의 위대함과 단일성을 회복하는 것을 상징한다. 베이징은 경제적으로 큰 대가를 치르게 될 수도 있는 군사적 충돌은 피하려 하지만, 대만의 독립은 결코 인정하지 않을 것이다. 2015년 11월, 1949년 이후 처음으로 중국의 시진핑 주석과 대만의 마잉주 총통이 싱가포르에서 만났다. 하지만 지난 2016년 대만에서 치러진 선거에서 민주진보당의 후보인 차이잉원이 큰 승리를 거두었는데, 민주진보당은 베이징을 불신하며 일정한 거리를 유지하려 한다.

대만을 인정하는 국가는 대략 20개국 정도로, 바티칸과 태평양, 라틴아메리카에 위치한 작은 섬나라들이 대부분이고, 계속해서 감소하는 실정이다. 상투메 프린시페(2016년)와 파나마(2017년)가 최종적으로 대만과 외교관계를 단절했다.

미국 대통령 선거 직후, 트럼프 대통령은 대만의 차이잉원 총통과 통화를 하며 베이징을 불안하게 만들었다. 아마도 이를 통해 베이징에 압력을 행사하려 했을지 모르나, 베이징은 재빨리 위험을 알아차리고는 '하나의 중국'이라는 원칙을 재확인했다.

중화인민공화국은 1949년 이래로 실질적 자치 상태인 대만을 자신의 영토의 일부로 여기고 단 하나의 중국만이 존재한다고 생각한다. 작은 섬나라인 대만은 오랜 기간 동안 인구적 열세를 중국의 경제 침체와 대비되는 경제적 역동성으로 보완해왔다. 이제 더 이상의 논쟁은 필요가 없다. 베이징이 대만을 혼란에 빠뜨리는 강제적인 재통합을 고려하지는 않는다고 해도 결코 대만의 독립을 인정하지는 않을 것이다.

CHAPTER 8
고래들의 싸움에
휩쓸린 새우

- 남중국해

중국은 자신이 평화적으로 세력을 얻었다고 말한다. 하지만 중국과 상호이익을 추구하며 경제 관계를 발전시키려는 남동아시아의 이웃국가들은 해상 영역에서 중국이 요구하는 부분 때문에 우려하고 있다. 가장 골치가 아픈 경우가 (일본은) 센카쿠, (중국은) 댜오위다오라고 부르는 열도와 관련된 중국과 일본의 관계이다. 이 지역의 분쟁은 지정학적·역사적 대립 위에 영토에 관한 경쟁이 더해진 것이다.

제2차 세계대전 이후 일본과 중국은 독일, 프랑스와 같은 역사적 화해를 이루지 못했다. 두 나라는 소련이라는 공통의 위협에 직면하고 있었다. 중국은 1949년에 공산화되었고, 일본은 미국과 연합했다. 더구나 중국은 (히로시마의 원자폭탄 투하 이후에도 여전히 히로

히토를 천황으로 받들고 있는) 일본이 전쟁 기간 동안 그들이 저지른 범죄에 대해 충분히 사과하지 않았다고 평가하고 있었다.

중국이 핵무기 보유국이자 유엔 안전보장이사회의 상임이사국으로 자신의 운명을 개척하고 있는 반면, 인구도 더 적고 전략적으로 미국에 의존하고 있는 일본은 1950년에서 1990년대 초반까지 놀라운 발전을 이루어냈다. 이 시기에 중국은 막 상승기에 접어들었고, 2011년 마침내 중국의 국내총생산이 일본을 앞질렀다. 하지만 과거의 역사와 그에 대한 인식은 언제나 베이징과 도쿄를 갈라놓았다. 이런 맥락에서 (배타적경제수역의 획정에 중요한) 작은 무인도를 놓고 벌이는 양국의 대립은 민족주의적 감정을 불러일으키며 더욱 중요해졌다.

면적 7제곱미터의 이 열도는 1971년 미국에서 일본으로 양도되었다.● 2012년 개인 소유주들이 중국을 상대로 도발적 행동을 하는 것을 막기 위해 일본 정부에서 열도의 일부를 사들였다. 하지만 중국은 이는 일종의 국유화이며, 이로 인해 자신들의 권리를 박탈당

● 센카쿠/댜오위다오은 현재 일본이 실효 지배하고 있으며, 일본, 중국(홍콩 포함)과 대만이 영유권을 주장하고 있다. 이 지역에 대해 중국과 일본은 각각 역사적, 국제법적으로 자국의 고유 영토라는 인식을 가지고 있다. 우선 중국은 명나라 시기의 문헌을 근거로 중국이 댜오위다오/센카쿠를 가장 먼저 발견해 이름을 붙이고 섬을 이용해왔다고 주장한다. 이에 대해 일본은 이 지역이 1879년 류큐 왕국의 복속과 함께 오키나와현으로 편입되었다고 말한다. 따라서 제2차 세계대전 이후 오키나와의 부속도서로서 1951년 샌프란시스코 조약에 따라 미국의 시정권하에 놓였으며, 1971년 오키나와 반환 조약에 따라 일본이 다시 시정권을 되돌려받았다는 것이 일본의 주장이다.

했다고 생각한다. 2013년 베이징은 자국의 영공을 열도까지 확장했다. 미국은 일본을 지지했고, 오바마 대통령은 미일 방위협력지침은 열도를 포함한다고 선언했다. 서로가 군사력을 사용하지 않기 위해 자신들의 힘을 과시만 하고 있으나 군사력과 힘이 제대로 통제되지 않을 경우에는 해결되기 어려운 충돌을 불러올 수 있다는 두려움에 모두를 불안에 시달리고 있다.

중국의 해상 분쟁은 다른 국가들에게까지 확장되고 있다. 파라셀제도를 두고는 베트남과, 스카버러 암초를 놓고는 필리핀과, 스프레틀리군도에 대해서는 말레이시아, 인도네시아, 브루나이 그리고 대만과 대립하고 있다.

베이징은 남중국해를 국익의 문제라고 생각한다. 이 해역을 지배함으로써 상업적 교역과 물류 공급을 보장받을 수 있기 때문이다. 중국으로 수입되는 물량의 80퍼센트가 이 해역을 통과하며 게다가 이 해역에는 그들이 눈독을 들이는 천연가스와 원유가 넘쳐난다. 어류 자원 또한 풍부하다. 이곳은 또한 중국의 핵잠수함이 지나쳐 가는 장소이기도 하다. 중국은 이 해역에 일방적으로 경계선을 정하고, 자신의 세력을 확장하기 위해 스프래틀리군도 근방에 인공 섬까지 건설하면서 현재의 상황을 기정사실로 고착화하려는 정책을 펴고 있다.

중국은 자신의 힘을 지나칠 정도로 분명하게 주장하여 아시아의 이웃국가들이 두려움에 빠지지 않도록 할 필요가 있다. 동남아시

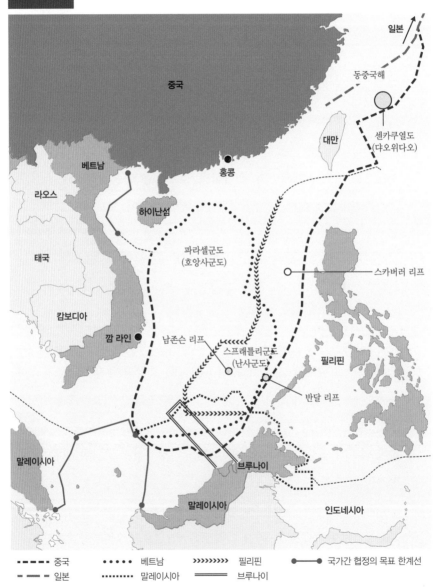

남중국해의
분쟁 지역

일본

중국

동중국해

센카쿠열도
(댜오위다오)

홍콩

대만

베트남

라오스

하이난섬

파라셀군도
(호앙사군도)

스카버러 리프

태국

캄보디아

깜 라인

남존슨 리프

스프래틀리군도
(난사군도)

필리핀

반달 리프

말레이시아

브루나이

말레이시아

인도네시아

- - - - 중국   • • • • 베트남   ⟩⟩⟩⟩⟩⟩ 필리핀   ●—● 국가간 협정의 목표 한계선
— · — 일본   • • • • • 말레이시아   ═══ 브루나이

출처 : 해양 지역의 지정학 지도, 테크닉, 올토랜드와 파이럿 판본

아 국가연합ASEAN, Association of Southeast Asian Nations 회원국들은 중국의 정책에 대해 불안해하고 있으며, 그 결과 중국의 위협에 대한 일종의 보험처럼 여겨지는 미국과 우호적인 관계를 맺으려 노력하고 있다. 이들은 중국과 미국이 서로 대립하는 것을 두려워하며, 두 국가와 모두 원만한 관계를 유지하려 한다. 중국이 지나칠 정도로 단호하게 자신의 입장을 내세우고, 이에 대응하기 위해 미국이 이 지역에 압력을 가하는 상황이 걱정되기 때문이다. 이들은 워싱턴과 베이징이 원만한 관계를 유지할 때 자신들의 안보도 보장받을 수 있다고 생각한다.

중국의 부상으로 이 지역 국가들 사이의 전략적 균형은 깨어졌고, 따라서 중국의 이웃국가들은 미국이 필요하다는 것을 느끼고 있다.

2016년 7월 12일 헤이그의 상설중재재판소PCA, Permanent Court of Arbitration는 필리핀이 제소한 남중국해의 핵심 문제에 대해 중국의 주장이 근거가 없다는 판결을 내렸다. 중국은 상당히 격분하여 이 결정에 불복하고 있다.•

• 중국은 남중국해 해역의 90퍼센트를 차지하는 남해구단선(중국이 남중국해 주변을 따라 그은 선)을 기준으로 영유권을 주장했다. 이에 따라 인공 섬을 건설하고 군사 경계를 펼치면서 배타적경제수역(EEZ)이 겹치는 필리핀, 베트남 등과 갈등을 일으켰다. 이에 필리핀은 2013년 1월 남중국해 영유권 갈등을 상설중재재판소에 제소했다. 반면 중국은 1953년에 확정한 남해구단선이 상설중재재판소 판결의 근거가 되는 1994년의 유엔 해양법협약보다 앞서므로 중재 대상이 될 수 없다고 주장하며 남중국해에서 대규모 군사 훈련을 전개하는 등 무력시위를 펼쳤다. 하지만 2016년 상설중재재판소에서 중국의 남중국해 영유권 주장은 법적 근거가 없다는 판결을 내렸고 중국은 강력하게 반발하고 나섰다.

■ 요약

중국해는 중국과 다른 해안 인접 국가들, 특히 일본과의 사이에서 커져가고 있는 영유권 주장의 대상이 되었다.

CHAPTER 9

냉전은 아직
끝나지 않았다

– 한반도

 냉전으로 분단된 한국은 잠재적으로 긴박한 전략적 상황에 직면해 있다.

 1895년부터 실질적으로 한국을 점령한 일본은 1945년 그들이 패전할 때까지 한국에서 수많은 강탈을 일삼았다. 소련과 미국은 북위 38도(38선)에서 다시 마주쳤다. 초기에는 독일에서와 같이 한시적일 것으로 예상했지만 분단은 지속되었고, 양쪽은 각자 자신들이 통치하는 체제하에 정부를 수립했다. 1950년 미국이 대응하지 않을 것으로 판단한 북한의 군대는 38선을 넘어왔다. 한국전쟁의 시작이었다. 미국은 (안전보장이사회에서 소련이 일시적으로 부재한 덕분에 창설할 수 있었던) 유엔군을 이끌고 남한의 편에서 싸웠다. 북한은 물질적으로는 소련의 도움을 받았고, 인적으로는 중국의

'지원병(중국 인민 지원군이었으나 공식적으로는 자원병으로 꾸밈)'의 지원을 받았다. 냉전 중 가장 큰 유혈 전투가 된 이 전쟁은 결국 원점으로 돌아오며 끝났다.

1951년 6월에 시작된 협상은 1953년 7월 27일 휴전협정에 서명함으로써 종결되었다. 북위 38도는 더 이상 임시 경계선이 아닌, 아시아의 철의 장막이 되어버렸다. 북한에는 김일성의 지휘 아래 공산주의 체제가 수립되었고, 미국과 방위협정을 맺고 연대를 유지한 남한에는 군사 독재 정부가 들어섰다. 두 한국 간의 접촉은 금지되었고, 불가능했다. 이후 두 한국은 각각 다른 변화를 겪었다.

미국 시장으로 수월하게 접근할 수 있고 남다른 교육열을 가진 남한은 경제적으로 발전하며 아시아의 호랑이로 떠올랐다. 반면 자급자족 체제를 고수했던 북한은 1980년대에 경제 침체를 겪었다. 남한은 경제 발전과 외부 세계와의 자유로운 교류 그리고 시민사회의 성장을 바탕으로 진정한 민주국가로 거듭났다. 북한은 고르바초프의 페레스트로이카나 중국의 경제 개방과 같은 개혁정책을 거부하며 독자적인 공산주의 체제를 유지했다. 본질적으로 스탈린주의에 머물며, 세습적 공산주의라는 하나의 모델을 만들어내기까지 했다. 1994년 김일성이 사망하며 그의 아들인 김정일이 권력을 잡았다. 그 한 해 전에 다량의 군사적 핵 프로그램이 북한에서 발견되었다. 북한 주민들은 구시대의 억압하에 종속되어 있고(북한은 세계의 마지막 전체주의 국가이다), 식량 부족에 시달리며, 경제는 거의 파탄에 빠진 상태이지만, 북한은 탄도미사일을 갖춘 핵 보유국이 되었다.

1998년 남한에서는 과거 정치범이었던 김대중이 대통령으로 선출되었다. 그는 두 독일을 화해로 이끌었던 동방정책Ostpolitik에 상응하는 햇볕정책Sunshine Policy(공식 명칭은 대북화해협력정책)을 펼쳤다. 그는 북한의 태도가 온건하게 변화하길 기대하며 북한에 경제적 원조를 제안했다.

북한은 강경 노선과 온건 노선을 번갈아 취하며 경제적 원조를 얻기 위한 이른바 '갈취' 전략을 발전시켰다. 또한 핵과 탄두 제조 기술을 다른 지역으로 수출함으로써 핵 확산을 가져올 수 있다고 위협했다.

2008년 이명박 대통령이 취임하며 평양에 대하여 강경한 정책을 취하기 시작했다. 북한에 대한 지원이 그들의 태도에 변화를 주지 못했다는 판단에서였다. 2013년 전 독재자의 딸 박근혜가 그의 뒤를 이으면서 같은 정책을 유지했다.

두 나라 사이에는 군사적 교전까지 갈 수도 있는 긴장감이 주기적으로 나타났다. 이는 이 지역에 대재앙과도 같은 대규모의 전쟁이 재연될 수 있다는 우려를 하게 만든다. 두 한국 사이의 상황은 지정학적 난제이다. 공식적으로 양측이 바라고 있는 통일을 이루는 데에는 복잡한 과정이 필요할 것이다. 남한은 두 한국 사이보다 격차가 훨씬 적었는데도 힘겨웠던 두 독일의 통일을 이미 지켜보았다. 게다가 서독은 동독보다 인구가 4배나 많았지만, 남한의 인구는 북한의 겨우 2배에 불과하다. 북한 체제가 내적으로 붕괴되어 불가피하게 서둘러 통일이 되는 경우, 남한은 불안정한 상태에 빠지며 위험에 처할 수 있다. 두 나라가 충돌한다면 미국의 지원은 차치하더라도 군사시설의 차이로 인해 북한은 필연적으로 패배할 것이다. 하지만 완전히 패배하기 전에 북한은 남한에 끔찍한 피해를 입힐 수도 있다. 서울은 군사분계선에서 고작 60여 킬로미터 떨어진 거리에 있고, 더구나 북한의 미사일은 남한의 모든 도시는 물론 심지어 도쿄까지 타격할 수 있다. 따라서 남한은 북한 체제가 점진적으로 개방되면서 북한의 급격한 몰락과 북한과의 분쟁은 피하는 것을 궁극적으로 바라고 있다.

북한 정권의 목표는 살아남는 것이다. 김정일이 2011년 사망하자 그의 아들인 김정은(김일성의 손자)이 그 뒤를 이으며 전체주의 체제를 유지하고 있다. 그는 다음과 같은 딜레마에 빠져 있다. 북한의 체제가 무너지지 않기 위해서는 외부의 지원이 필요하다. 하지만 제한 조치를 취하는 것만이 체제를 지탱할 수 있는 길임을 알고 있으므로 개방을 허용할 수는 없다.

일본은 북한 지도자의 예측할 수 없는 면을 두려워한다. 또한 반일감정이라는 유대감을 가진 두 한국의 통일도 걱정한다. 분단 상태가 유지된다면 미국은 남한의 없어서는 안 될 파트너로 남아 있을 수 있다.

2016년 북한이 핵 실험을 감행하자 유엔 안전보장이사회는 (중

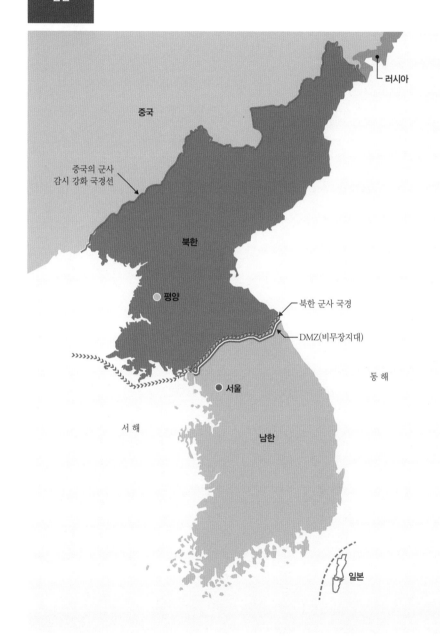

북한과
남한

러시아

중국

중국의 군사
감시 강화 국경선

북한

평양

북한 군사 국경

DMZ(비무장지대)

동 해

서 해

서울

남한

일본

국의 동의하에) 북한에 대한 새로운 제재를 결의했다. 하지만 계속되는 제재안이 김정은의 탄도미사일 실험을 저지하지는 못했다. 2017년 9월 4차 실험에서 북한은 열핵반응 기술까지 이용했다. 트럼프 대통령이 군사적 보복을 통해 북한을 파괴할 것이라고 위협한다고 해도 미국의 군사적 행동은 곧바로 전면전으로 이어진다는 점에서 실현 불가능하다. 중국은 현재 북한에 대해 더 이상 영향력을 행사하지 않고 있으며, 지도층이 도발적 언행을 하여 일본의 재무장을 부추기고 이 지역에서 미군의 존재감이 다시 부각되는 것을 우려하고 있다.

국제사회는 핵무기를 보유한 북한 같은 국가와 함께 사는 것에 익숙해질 필요가 있다. 김정은은 만약 사담 후세인과 무아마르 카다피가 핵무기를 보유했다면 분명 여전히 살아서 권력을 누리고 있었을 것임을 (분명하게) 인식하고 있다.

▮ 요약

한국의 분단은 냉전의 종식 후에도 지속되었다. 이로 인해 과거의 군사 독재에서 민주국가로 발전한 남한과 스탈린주의 체제로 경직되어 있는 북한은 서로 대립하고 있다. 북한의 경제적 침체는 남한의 번영과 대조를 이룬다. 통일이 목표라면 양측은 현 상태를 그대로 유지할 것이다. 이런 방식으로 체제를 보장해줄 수 있는 생명보험인 핵무기를 포기하지 않을 북한의 내적 붕괴를 막는 동시에 분쟁을 피할 수 있다.

CHAPTER 10

자유와 비폭력을 향한 투쟁

— 티베트

티베트 문제는 서구 사회에 매우 민감한 문제이며, 중국에게는 실존에 관련된 (아주 중요한) 문제이다.

중국에 의하면, 티베트는 7세기 이후 티베트 왕과 중국 공주의 혼인으로 중국의 일부가 되었다고 한다. 8세기에 불교가 뿌리를 내렸지만, 티베트는 문화적으로는 인도의 영향을 더 많이 받았다. 수세기가 지나면서, 티베트는 진정한 교권정치 국가* 가 되었다. 18세기에 라마승들은 자신들을 중국 제국의 신하라고 생각했다. 티베트는 공식적으로 중국에 통합되어 있지 않았지만 그럼에도 독립된 국가를 이루지는 못하고 있었다. 1911년 청나라가 몰락하자,

───────────────

● '신의 대리인'을 자처하는 사제나 승려가 통치하는 정치 체제

중국인들은 티베트에서 쫓겨났다.* 1949년 마오쩌둥이 권력을 잡은 후, 중국군은 공식적으로 티베트를 합병했다. 마오쩌둥은 (이전의 민족주의 정부에서는 인정하지 않던 티베트의 자치권을 존중하는) 민족주의 카드와 (성직자들의 이익을 위해 유지되던 '노예 상태'에서 주민들을 해방시키는) 정치적 카드를 동시에 사용했다. 이런 정책을 펼친 데에는 분명한 근거가 있었다. 성직자가 아닌 일반 티베트 주민들은 모든 정치적 권리를 박탈당하고, 강제 노역에 시달리는 비참한 상황에 처해 있었기 때문이다. 하지만 중국에 정복된 후에도 티베트 주민들은 물질적 보상을 받았지만, 정치적 권리를 가질 수는 없었다.

1959년 대규모 민족 운동이 일어나고, 이 민중 봉기가 폭력적으로 진압되면서 종교 지도자이자 정치적 권력인 달라이 라마(텐진 가초)는 인도로 망명하여 그곳에서 티베트 망명정부를 구성했다. 그 후 티베트는 중국의 영향 아래 문화혁명을 겪으며 모든 종교적 활동이 금지되고 수많은 사원들이 파괴되었다. 1978년 권력을 잡은 덩샤오핑은 티베트에 대한 정책을 수정했다. 그는 당근과 채찍을 동시에 사용하면서, 그 지역의 설비를 현대화하고 약간의 문화적 개방을 허용했다. 또한 티베트 지역의 인구 분포를 바꾸기 위해

● 티베트는 13세기 이후 중국의 통치와 영국의 영향을 번갈아가며 받아왔다. 1911년 신해혁명으로 청나라가 망하자 달라이 라마 13세는 1913년 티베트에 남아 있던 중국의 군대를 내쫓고 독립을 선언했다.

다수의 중국인들을 티베트에 정착시켰다. 1989년 달라이 라마가 노벨평화상을 수상했지만, 중국은 그를 국가적 통일성에 의문을 제기하는 독립주의자로 간주하여 인정하지 않았다. 그는 비폭력주의를 역설하며, 독립이 아닌 티베트의 자치를 목적으로 하는 정치적 중재안을 모색했다.

달라이 라마는 서구사회에서 매우 인기가 있다. 문화적으로 불교에 끌리는 사람들, 그를 중국의 군사적 억압에 대항하는 비폭력주의 지도자로 보는 사람들, 중국의 상승세를 걱정하며 그를 중국에 대한 부정적인 이미지를 부각시키기 위한 좋은 도구로 여기는 사람들이 그를 지지하고 있다. 중국 당국은 현재 달라이 라마로부터 실질적인 정통성을 박탈할 차기 달라이 라마를 티베트 주민들의 눈앞에서 다시 선택하려 했다.

국제사회의 비난을 완전히 무시하지는 못하지만, 중국은 티베트 문제를 양보할 생각이 없다. 중국은 티베트를 자국 영토의 일부라고 생각하고 있다. 따라서 공공연하게 달라이 라마를 찬양하는 국가들은 중국의 영토 보전과 자치권에 대해 문제를 제기한다는 혐의로 중국의 정치적, 경제적 보복을 받게 된다. 달라이 라마에 대한 지지는 중국으로서는 받아들일 수 없는 내정간섭이다. 티베트를 다시 정복하는 것은 중국이 과거의 불명예와 굴욕을 씻어내기 위한 총체적 움직임의 일부이다.

게다가 인도와 접하고 있는 티베트는 중국에게는 전략적으로 중

티베트와 망명정부

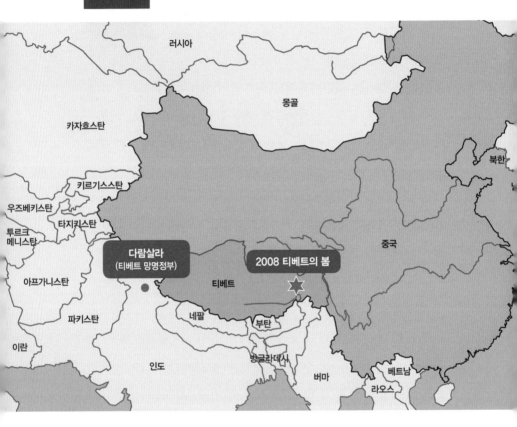

요한 지역일 뿐만 아니라 상당한 양의 광물이 매장되어 있는 곳이기도 하다. 많은 티베트 사람들은 현재 진행되고 있는 티베트의 경제적 현대화를 문화동화정책이라고 느끼고 있지만, 중국 당국자들은 이를 중국을 현대화하기 위한 과정의 일환이라고 주장하고 있다. 따라서 독립적인 티베트는 전혀 생각할 수도 없으며, 중국의 세력이 커지며 티베트의 독립은 점점 요원해질 것이다. 티베트에 대한 통치권을 유지할 수 있다는 확신을 갖게 되면, 중국은 티베트에 영향을 줄 수 있는 문화적, 정치적 개방에 동의할지도 모른다. 티베트의 상황을 우려하고 있는 서구 여론은 이러한 상황에 만족할 것이다.

2011년 달라이 라마는 자신의 정치적 지위를 포기하고 수상에게 권력을 넘겨주었다. 2015년 그가 자신의 후임자를 지정하지 않겠다고 선언하면서 중국 당국은 자신들에게 차기 달라이 라마를 지정할 수 있는 권한이 있다고 주장하고 있다.*

● 인도 북부 다람살라에서 55년째 망명생활 중인 달라이 라마는 1995년 한 어린 소년을 티베트 불교 이인자인 '판첸 라마'로 지정했지만 중국 정부는 이를 인정하지 않고 있으며, 자신들이 선택한 소년을 현 판첸 라마로 옹위했다. 2015년 9월 달라이 라마는 독일 언론과의 인터뷰에서 14대인 자신이 마지막 달라이 라마가 될 것이라는 입장을 표명한 적이 있다. 그가 직접 제도 폐지론을 언급한 것은 자신의 사후에 벌어질 후계자 선정 과정에 중국이 관여할 수 있다는 우려 때문으로 여겨졌다. 중국은 그동안 차기 달라이 라마는 자신들이 선정하겠다는 의도를 공공연히 밝혀왔다.

■■■■ 요약

티베트가 자국 영토의 일부라고 여기는 중국은 티베트에 대한 그들의 지배에
의문을 제기하는 것을 받아들이지 않는다. 서구 여론의 대다수는 달라이 라마의
자유와 비폭력을 향한 투쟁을 지지하고 있다. 하지만 중국은 국제사회의 비난과
관계없이 이 지역을 계속 통치하기로 결정했다.

CHAPTER 11
부패한 정부가
만든 테러리스트

— 보코 하람

나이지리아는 아프리카에서 가장 인구가 많은 국가이며, 풍부한 석유 자원을 보유하고 있다. 하지만 축복 같은 석유 자원은 매우 불평등하게 분배되고 있다. 또한 부패가 판을 치며 나라의 안정과 발전을 저해하고 있으며, 무슬림이 다수를 차지하고 있는 북부와 기독교가 우세한 남부 사이에서 반목이 되풀이되고 있다.

미디어를 통해 널리 알려진 보코 하람은 모하메드 유수프 Mohammed Yusuf에 의해 2002년에 조직되었다. '보코'는 나이지리아식 영어로 '책book'을, '하람'은 아랍어로 '금지'를 뜻한다. 보코 하람은 글자 그대로 서구화에 의해 타락한 교육을 거부한다. 그들의 진짜 이름은 '수니파 회교도 전통과 성전의 전파를 위한 선지적 동반자들의 모임'이라는 의미의 자마투 알리스 순나 리다와티 왈지

하드Jama'atu Ahlis Sunna Lidda'awati wal-Jihad이다.

　모하메드 유수프는 남북의 불평등을 규탄하면서 나이지리아의 일부 북부 사람들에게서 지지를 받고 있다. 나이지리아 전체 인구의 27퍼센트를 차지하는 남부 사람들에 비해 72퍼센트에 해당하는 북부 사람들은 절대적 빈곤에 시달리고 있다. 유수프는 사회적 혜택을 받지 못한 지역의 젊은이, 무슬림 학생 그리고 박봉에 시달리는 공무원을 끌어들였다. 2009년 보코 하람은 우체국과 경찰서를 공격하는 등 나이지리아 북부 4개 주에서 방대한 공세를 펼쳤다. 정부군은 수백 명의 사망자를 내면서 과격하게 대처했다. 폭력적이고 맹목적인 진압은 가뜩이나 부정적인 정부 당국의 이미지를 더 악화시켰고, 일부 국민들은 정부의 진압에 반발하며 보코 하람을 지지하기도 했다.

　지도자가 살해당한 후 보코 하람의 움직임은 더 과격해졌다. 리비아 카다피 정권의 몰락과 사헬 전쟁*으로 이들은 나이지리아 외부의 지하디스트 집단과 접촉하면서, 활동 범위를 국제적으로 확장했다. (민주적으로 선출되었으나 부패가 만연하도록 방치한) 굿럭 조너선Goodluck Jonathan 대통령은 비상사태를 선포하고 더욱 강력한 억압 정책을 펼쳤다.

● 사헬은 사하라 사막 남쪽의 테러집단 점령 지역이다. 20여 년 전부터 내전을 겪고 있는 소말리아와 2011년 카다피 정권이 붕괴한 리비아로부터 IS의 추종세력을 비롯한 테러 집단이 이 지역을 장악했고, 나이지리아의 '보코 하람'이 영토의 절반을 접수했다.

보코 하람은 2009년에서 2011년 사이에 발생한 164건의 자살 테러가 자신들의 소행임을 인정했다. 그들은 8월에 나이지리아 수도인 아부자에 있는 유엔 건물을 공격하고, 이후 크리스마스에는 교회에서 150명의 기독교인들을 살해하며 국제적으로 악명을 얻었다. 2011년에서 2014년까지 7,000여 명이 보코 하람에 의해 목숨을 잃었다. 2014년 4월에는 200명의 여학생들을 납치했는데, 이 사건은 '우리의 소녀들을 돌려주세요Bring back our girls'라는 운동을 통해 정치인과 연예인 스타들을 비롯해 서구 여론에게 뜨거운 반응을 이끌어냈지만, 그 당시에는 실질적인 효과를 내지 못했다.

보코 하람은 그들의 활동을 인접 국가인 카메룬, 차드, 니제르까지 확대해나갔다.

2015년 3월 7일 나이지리아 대통령 선거를 3주 앞두고 보코 하람의 지도자 아부바카르 셰카우는 트위터 계정에 "우리는 무슬림의 칼리프인 이브라힘 이븐 아와드 이븐 이브라힘 알 후세이니 알 쿠라시에 대한 충성을 선언한다."라는 음성 녹음파일을 올려 유포하면서 IS에 대한 충성을 맹세했다. 며칠 후 IS는 이 충성서약을 받아들였다. 알 카에다와는 달리 두 집단은 공통적으로 영토라는 토대를 갖추고 싶어 한다. 두 집단의 결집은 무엇보다 보코 하람에게 다른 지역으로까지 시야를 넓게 하고 자신들의 중요성을 지나치게 과시하게 만들었다.

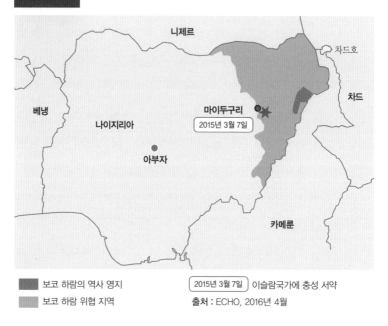

서아프리카
지역의
이슬람국가

니제르

차드호

차드

베냉

나이지리아

마이두구리
2015년 3월 7일

아부자

카메룬

■ 보코 하람의 역사 영지   2015년 3월 7일 이슬람국가에 충성 서약
■ 보코 하람 위협 지역   출처 : ECHO, 2016년 4월

    2015년 4월 한때 쿠데타에 가담했다가 민주주의로 전향한 전직 장군 모하마두 부하리Muhammadu Buhari가 부패 척결을 공약으로 내세우며 나이지리아의 대통령으로 당선되었다. 보코 하람과 싸우기 위한 지역적, 국제적 협력도 추진되었다. 부하리 대통령은 보코 하람과의 모든 싸움을 끝내고 북부 주민들의 생활여건을 향상시키려 한다. 보코 하람의 실제 규모가 얼마나 되는지는 정확하게 알려져

있지 않지만 1만 명에서 4만 명 사이로 다양하게 추정되고 있다. 그들의 근거지는 더더욱 불확실하다. 만일 새로 당선된 대통령이 자신의 선거 공약을 지켜낸다면 보코 하람은 영향력을 유지하기 힘들어질 수도 있다. 나이지리아는 주요 자원인 석유 가격의 하락에 영향을 받고 있다. 군대는 주요 도시와 북동부 보르노주의 몇몇 마을의 통제권을 다시 장악했다. 약화되기는 했지만, 보코 하람도 여전히 위세를 떨치고 있으며, 그들의 폭동으로 2009년 이래 2만 명 이상의 사망자와 260만 명의 실향민이 발생했다.

2016년부터 차드호 인접국들의 군대로 조직된 4개 부대와 7,500명 규모의 다국적군이 보코 하람을 상대로 투입되었다. 보코 하람은 영토의 많은 부분을 잃었지만, 조직을 다시 정비하고 있는 것으로 보인다.

요약

나이지리아 북부 무슬림들의 불만을 이용하는 종파인 보코 하람은 테러리스트 조직이 되었다. 이와 맞서 싸우기 위해서는 부패와의 전쟁이 성공적으로 이루어지고, 북부 주민들의 사회적 요구가 충족되며 공공 안전이 보장되어야 한다.

CHAPTER 12
풍족한 자원이
피를 부르다

– 수단

수단은 아랍 세계와 아프리카가 연결되는 곳인 사하라 이남의 아프리카에서 가장 넓은 영토를 가진 국가이다. 수단은 북부와 남부 사이에서, 그리고 2003년부터는 서쪽 다르푸르 지역에서 분리독립의 움직임이 일어나며 분쟁에 시달리고 있다. 두 경우 모두 분리독립 운동의 원인은 종교적·문화적 차이, 외곽 지역을 방치한 채 과도하게 중앙집권화된 정권에 대한 투쟁, 그리고 결국은 남부에 위치한 석유 자원을 차지하려는 데 있다.

다르푸르는 인구 600만 명이 사는 프랑스 정도의 크기로, 이 지역에 분쟁이 발생한 것은 2003년부터이다. 사막화로 인해 아랍 유목 민족과 아프리카 토착민, 경작 농민과 목축업자, 무슬림들 사이에서 토지를 놓고 경쟁이 생겨났다. 이 지역은 오랫동안 중앙 권력에 의해 방치되고 있었다. 다르푸르 사람들은 자신들의 주장을 관철시키기 위해 남부 수단과 같은 방식을 취했다. 반란 세력은 곧 무장을 하게 되었고, 중앙 권력이 이들을 진압하는 과정에서 30만 명의 사망자와 200만 명의 실향민이라는 엄청난 결과가 발생했다.

다르푸르 분쟁의 원인은 미국에서 크게 주목받았다. 집단 학살로 규정된 다르푸르 참극의 원인은 기독교도와 유대인 조직을 움직였다. 폭력적인 억압에 반대하는 진심 어린 항의가 이어졌지만, 그 뒤에는 이슬람 체제인 수단을 약화시키려는 전략적 의도도 숨어 있었다. 이는 어쩌면 이스라엘에게 적대적일 수도 있는 강한 국가의 발전을 가로막기 위한 것이기도 했다.

2008년 오마르 알 바시르Omar al-Bashir 수단 대통령은 정전을 선포했지만 이는 지켜지지 않았다. 2009년 그는 전범과 반인류적 범죄 혐의로 국제형사재판소에 피소되었지만, 2010년 4월 68퍼센트에 달하는 찬성표를 얻으며 대통령으로 재당선되었고, 2015년 4월에는 94.5퍼센트의 지지를 받았다! 더구나 그는 아프리카 동족들의 지지를 받고 있는데, 이들은 오로지 아프리카 지도자들만을 고발하는 국제형사재판소를 비난하고 있다. 바시르 대통령은 피소된 상태이지만 2015년 남아프리카공화국에서 보여주었듯이 많은 아프리카 국가들에서 아무런 걱정 없이 다닐 수 있고, 다른 대륙에서도 마찬가지이다(2017년 11월 러시아를 방문하기도 했다).

2010년 2월, 분쟁의 당사자들이 카타르 도하에서 평화협정에 서

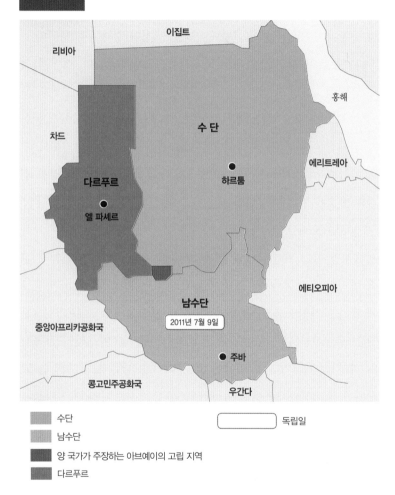

수단의
위기와 분쟁

리비아
이집트
차드
홍해
수단
다르푸르
에리트레아
엘 파셰르
하르툼
에티오피아
남수단
2011년 7월 9일
중앙아프리카공화국
주바
콩고민주공화국
우간다

수단
남수단
양 국가가 주장하는 아브예이의 고립 지역
다르푸르

독립일

명했다. 하지만 다르푸르의 반란 세력은 분열되어 협정의 실행을 어렵게 만들고 있다. 다르푸르에는 민간인을 보호하고 인도적 차원에서 지원된 물품이 안전하게 전달될 수 있도록 돕기 위해 유엔군과 아프리카 연합군이 주둔해 있지만, 이 지역의 공공 안전과 인도적 상황은 또다시 악화되었다. 정부군과 반란군 사이에 다시 전투가 시작되었고, 정부는 계속해서 반란군이 점령한 지역에 공중폭격 작전을 펼쳤다. 유엔에 따르면, 다르푸르 분쟁에서 30만 명이 넘는 사망자와 250만 명의 실향민이 발생했다고 한다.

1983년에는 기독교인과 토착 신앙인으로 이루어진 남수단이 하르툼(수단의 수도)에 대해 분리 전쟁을 선언했다. 이 전쟁으로 수단에서 150만 명의 사망자와 400만 명의 실향민이 발생했고, 인접 국가에도 60만 명의 난민이 생겼다. 2005년 수단 정부와 수단 인민해방군 사이에 날인된 협약으로 22년간의 오래된 내전은 끝이 났고 2011년 1월 수단 남부 지역의 자결권에 대한 국민투표가 실시되었다. 투표를 통해 (주요 석유 자원이 위치하고 기독교인이 다수를 이루는) 남수단은 2011년 독립을 선언했다. 오랜 내전 끝에 2005년에 평화협정을 맺은 수단은 이를 받아들일 수밖에 없었다. 미국은 남수단의 독립을 위해 많은 노력을 했으나, 부패로 인해 기반도 허약한 상황에서 국가를 구성하는 기본적인 틀조차 없이 성취한 독립은 또다시 2013년의 내전으로 이어졌다.

남수단은 독립했지만 모든 정치 및 행정기관과 교육과 복지에 관한 인프라를 새로 만들어야 했다. 남수단 내에서도 다시 분리를 시도하거나 영토의 일부를 북부에 합병시키려는 이들도 나타났다.

2013년 말부터 남수단은 다시 내전에 휩싸이며 분열되었고, 이 내전으로 인해 400만 명의 실향민과 100만 명의 난민이 발생하는 등 그 피해는 더 이상 추산할 수도 없다. 유엔의 보고서에 의하면, 760만 명의 사람들이 지원을 필요로 하고 있으며, 세계식량계획(PAM)은 당장 긴급한 지원이 필요한 사람들을 360만 명 정도로 추산하고 있다. 심지어 수도인 하루툼에도 물과 전기가 부족하고, 1,200만 명의 주민이 사는 나라에 포장된 도로는 고작 80킬로미터에 불과하다. 농업적 잠재력은 엄청난 데 비해, 실제로 모든 식량은 수입에 의존한다.

현재 남수단에는 정당은 없고, 누에르와 딘카라는 서로 다른 두 종족을 대표하는 무장 민병대가 존재한다. 국가의 주요 재원인 석유 생산량은 감소하고 있고, 설상가상으로 유가는 하락하고 수단에 높은 경유 비용까지 지불해야 한다.

남수단 내전은 '잊힌 전쟁'의 상징이다. 이 내전으로 엄청난 피해가 발생했지만 서구 언론으로부터 거의 주목을 받지 못하고 있다. 2015년 8월 평화협정이 체결되고 과도정부가 수립되었지만, 석 달 뒤인 2016년 여름, 분쟁이 다시 일어나는 것을 막지 못했다.

■ 요약

석유 자원을 보유하고 넓은 국토를 가진 수단은 문화적 차이와 석유 자원에 대한 통제권을 놓고 벌어진 대립으로, 다르푸르에서 분리독립의 움직임이 나타나며 긴장이 고조되고 있다. 현재 대통령인 오마르 알 바시르는 국제형사재판소에 전범으로 기소된 상태이다. 2011년 남수단의 독립은 평화의 정착으로 이어지기는커녕 4년에 걸쳐 국가를 분열시킨 내전을 야기했다.

CHAPTER 13
20세기의
가장 잔혹한 전쟁

— 시리아

절대로 무너질 것 같지 않았던 터키와 이집트의 체제가 각각 2011년 1월과 2월에 붕괴된 데 이어 이번에는 시리아 국민들이 시위에 나섰다. 2011년 3월 바샤르 알 아사드의 부패한 독재 정권에 대항하여 사람들이 집결했다.

2000년 바샤르 알 아사드는 1970년에 정권을 잡았던 그의 아버지의 후계자가 되었다. 그는 70퍼센트가 수니파인 시리아에서 겨우 10퍼센트를 차지하는 소수파인 알라위파 지부에 속해 있었다. 정교 분리와 민족주의를 표방하는 시리아는 냉전 기간에는 소련과 연합했고, 이후에는 러시아와 강한 동맹을 유지했다. 불리한 군사력 때문에 시리아는 이스라엘과의 모든 대결을 피했지만, 수사적으로는 아랍 문제의 챔피언임을 자칭하며 반서구, 반이스라엘에 앞장섰다.

튀니지와 이집트의 보안군이 제인 알 아비디네 벤 알리 튀니지 대통령과 무바라크 이집트 대통령을 저버렸을 때,* 바샤르 알 아사드는 그들과 같은 운명을 겪지 않기 위해 폭력적으로 반란을 진압했다. 그는 반란이 마치 (미국과 유대인의 음모로) 외부의 지휘를 받는 것처럼 말했지만, 그 근원은 민족적인 것이었다. 바샤르는 이슬람 극단주의자인 지하디스트가 주둔하며 소수집단인 기독교인과 알라위파를 위협하고 있다고 주장했지만, 사실 급진적 이슬람주의자들을 해방시킨 것은 다름아닌 그였다. 그의 전략은 자신이 지하디스트 집단에 대한 방패막처럼 보이는 것이었다. 그는 권력을 지키기 위해 평화적으로 시위를 하던 사람들을 탄압하면서, 지하디스트의 위협을 과장했다.

시리아와 가깝게 지냈던 터키와 걸프만의 국가들은 바샤르 알 알사드와 거리를 유지하며 무장 반군을 지원했다. 서구 국가들은 반대 세력을 무장시키는 것에 대해 우려하며 망설였다. 아프가니스탄의 사례를 떠올리며 자신들이 지원한 무기가 급진적 극단주의자들의 손에 들어갈 것을 염려한 것이다. 초기에 평화적이었던 혁명군이 무장을 하는 것과 동시에 분쟁은 빠르게 국제적 성격을 띠기 시작했다. 러시아와 이란은 시리아 정권을 지원했다. 이란은 아

● 각각 24년, 30년의 독재를 해온 제인 엘 아비디네 벤 알리 튀니지 대통령과 호스니 무바라크 이집트 대통령은 2011년 시민들의 봉기로 하야했다.

랍 세계 안에서 유일한 체제적 동지를 돕고 레바논의 헤즈볼라*와
의 연대를 유지하는 데에 목적이 있었다. 러시아도 다르투스의 군
사기지를 지키고 이 지역에 전략적으로 군대를 주둔시키면서 자신
의 이익을 지키려는 의도를 가지고 있었다. 이는 시리아의 정권 교
체론과 맞서 싸우는 것이기도 했다. 러시아는 유엔 안전보장이사
회의 리비아 제재 결의안 1973호에 기권표를 던진 것이 실수였다
고 생각하고 있다. 제재안은 처음에는 카다피의 위협을 받는 벵가
지 주민들을 보호하는 것을 목적으로 했으나, 결국 정권 교체로 이
어져 카다피 정권을 전복하고 그를 제거하는 쪽으로 진전되었다.
그러니까 한쪽에는 반정부 세력을 지지하는 서구 세력과 아랍 국
가들이 있고, 다른 쪽에서는 러시아와 이란이 현 정권을 지지한 것
이다. 게다가 바샤르 알 아사드가 위협이 된다고 판단한 카타르와
사우디아라비아는 급진주의 단체들을 지원했다. 서구 사회가 아무
런 반응을 하지 않자, 중도 성향의 시리아 반란군들은 지하디스트
와 시리아 정부군 사이에 끼여 꼼짝 못했고, 민간인들은 그 사이에
서 주된 희생자가 되었다. 오바마 대통령은 시리아 정부의 화학무
기 사용에 대한 한계선을 정하고, 이 한계를 넘어갈 경우 군대 투입
을 고려하겠다고 했지만, 2013년 9월 시리아 정부에 의한 화학무
기 공격으로 1,400명이 넘는 민간인들이 사망했을 때 어떤 행동도

● 미국, 이스라엘을 대상으로 테러 행위를 벌여온 레바논의 이슬람 시아파 무장 세력

취하지 않았다. 시리아에는 이미 내전으로 11만 명 이상의 민간인 희생자가 발생했다.

러시아는 서구 세계의 개입을 대가로 화학무기를 해체할 것을 시리아에 촉구하는 타협안을 마련했다. 알 카에다로부터 벗어난 IS는 2014년 6월 29일 시리아와 이라크 영토의 일부분을 차지하고 칼리프의 재건을 선언했다.

시리아 내전으로 약 1,200만 명의 민간인들이 보금자리를 잃었고, 그중 500만 명은 외국으로, 특히 인접 국가로 쫓겨 갔으며, 2016년 여름에는 30만 명이 넘는 사망자가 발생했다. 2014년 9월 70개국이 IS를 상대로 동맹을 결성했다. 2015년 9월 러시아의 폭격 작전으로 바샤르 알 아사드는 그의 영토를 되찾았다. 하지만 국가는 여전히 위기 상태에 있고, 보건, 교육 같은 국가 조직은 사라졌다. 러시아와 이란이 시리아를 지원하는 한 아사드 정권은 무너지지 않을 테지만, 그가 시리아의 영토 전체를 다시 정복하기에는 논란의 여지가 너무 많다.

현재 시리아에서는 내부의 세력들은 물론이고 시리아에 개입한 외국 세력들까지 깊이 반목하며 정치적 해결책을 수립하는 데 걸림돌이 되고 있다.

■ 요약

'아랍의 봄'으로 촉발된 시리아의 반란은 심각하게 탄압받았다. 반란 세력이 무장하고 분쟁이 국제적 성격을 띠게 되면서 시리아 내전은 금세기 초의 가장 잔혹한 분쟁 중 하나가 되었다.

CHAPTER 14
아무도 주목하지 않는 비극

― 예멘

2013년 시작된 예멘의 내전은 1만 명이 넘는 사망자가 발생한 대규모의 분쟁이지만, 그 잔혹한 참상에 비해 서구 언론에서 전혀 주목받지 못했다. 서구 언론이 예멘에 대해 상대적으로 침묵하는 것은 세 가지 이유로 설명된다. 첫째, 예멘의 내전이 시리아에 비해 사망자가 훨씬 적고, 둘째, 국가가 언론에 폐쇄적이며, 셋째, 내전의 주역들이 서구의 중요한 동맹이기 때문이다.

예멘 남부(아덴)에는 친소련 공산주의 체제가 자리를 잡은 반면, 예멘 북부(사나)에서는 1978년 알리 압둘라 살레 대통령이 정권을 잡았다. 1990년 세계가 냉전에서 빠져나올 당시, 두 개의 예멘은 통일을 이루었다. 2004년 후세인 알 후티가 이끄는 (인구의 30~40퍼센트를 차지하는) 북부의 시아파는 자신들이 소외되고 혜택을 받지 못했다고 여기며, 중앙 권력에 대항하여 반란을 일으켰다. 아프가니스탄 전쟁 이후로 예멘은 지하디스트에게 후방 기지를 제공했고, 미국은 그곳에 정기적으로 미사일 공습을 감행했다. 2004년 9월 후티는 미국 중앙정보국(CIA)의 공격으로 사망했다.

2011년 33년간 권좌에 있던 살레 대통령은 아랍의 봄의 여파로 국민들의 거센 도전을 받았다. 그는 민중 봉기를 무력으로 진압하려고 했지만, 결국 미국과 걸프만 국가들의 공동 압력 때문에 퇴진할 수밖에 없었다. 그럼에도 예멘의 상황은 안정되지 않았다.

퇴진한 살레는 이전에 맞서 싸웠던 후티 세력과 연합하여 예멘의 정치적 위기를 가져오는 중심 요인이 되었다. 후티 세력은 사나를 수도로 정하고 국가의 일부를 통치하며, 아덴 정부의 문 앞까지 다가섰다. 그 배후에 라이벌 이란의 도움이 있다고 본 사우디아라비아는 이란의 팽창주의와 자신들을 향한 적대감에 대해 비난했다.

리야드(사우디아라비아의 수도)는 늘 예멘을 자신들의 '뒤뜰'이라고 여겼다. 사우디아라비아는 아랍의 수니파 국가들과 동맹을 조직하여 국제적으로 인정받는 아덴 정부를 지지하고 있다. 사우디 왕국의 새로운 후계자로 지명된 이후 자신의 세력을 굳건히 할 필요가 있던 30세의 왕세자 모하메드 빈 살만 알 사우드는 2015년 3월 '단호한 폭풍'이라고 명명된 예멘에 대한 군사 개입 작전을 왕으로부터 허락받았다.

수니파 동맹에는 (오만을 제외한) 걸프협력회의 회원국들과 이집트, 요르단과 파키스탄이 참가했다. 사우디아라비아와 아랍에미리트의 봉쇄 조치하에 있던 카타르는 2017년 6월 동맹에서도 제외되었다. 군사 작전은 주로 사우디아라비아와 아랍에미리트가 이끌며 대부분 공중 포격으로 이루어졌다. 예멘이 강력하게 저항하며 전쟁은 교착 상태에 빠졌는데, 사우디아라비아에 대한 적대감이 큰 영향을 미쳤다. 현재 유엔이 인정한 대통령인 압드라보 만수르 하디는 예멘 영토의 극히 일부분만을 지배하고 있으며, 리야드에 기반을 두고 있다.

유엔이 현 상황을 "세계가 현재 알고 있는 것보다 훨씬 더 심각한 인도적 위기"라고 말할 정도로 예멘은 혼돈 속에 빠져 있다. 27만 명의 주민들 중 17만 명이 식량 원조를 필요로 하며, 700만 명가량이 기아 직전 상태에 있다. 또한 50만 명이 콜레라에 감염될 위기에 처해 있다. 사우디 공군의 폭격으로 학교와 병원은 파괴되었다. 2017년 10월 5일에 공개된 유엔 사무총장보고서에는 관련 국가와 단체 내의 군사 동맹이 2016년 아동 살인과 상해•를 저질렀다는 사실이 처음으로 실렸다. 예멘에서 자행된 폭력에 대해 거부감을 가지고 있으면서도 서구 국가들은 사우디아라비아와의 관계 때문에 이 문제에 대해 언급하는 것을 피하고 있다.

• 예멘에서 동맹군의 활동으로 2016년 학교 혹은 병원에 대한 공격이 이루어졌고, 확인된 38건의 경우에만 683명의 아동 희생자가 발생했다.

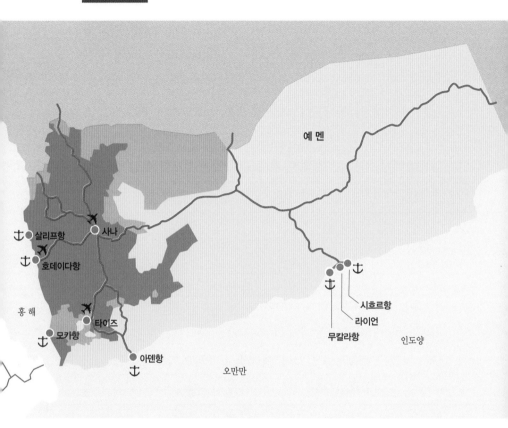

예맨의
후티 반란

예 멘

살리프항
사나
호데이다항

시흐르항
라이언
무칼라항
홍해
인도양
타이즈
모카항
아덴항
오만만

항구
공항
주요도로

논쟁 지역
후티와 친살레파 통제 지역
예멘 정부

출처 : OCHA (유엔 인도주의 업무조정국)

후티 세력이 이란의 간접적인 지원을 받고 있기는 하지만, 이들은 자신들의 권리를 인정받고 해양에 접근할 수 있도록 연방제를 수립하겠다는 강력한 의지를 가지고 있다. 하지만 사우디아라비아와 그의 동맹들은 국제사회에서 자신들의 전략적 위상을 우선시하며, 내전의 내부 원인은 외면한 채 이란과 전면적으로 대립하고 있다.

요약

2013년부터 하디 대통령 세력이 살레 전 대통령과 연대한 후티 세력의 반란에 맞서면서 예멘은 끔찍한 내전에 직면해 있다. 여러 측면에서 예멘과 관련되어 있는 사우디아라비아와 이란은 간접적으로 반란에 맞서고 있다. 1만 명 가량의 사망자와 (기아, 콜레라의 만연 등) 비참한 인도적 상황에도 불구하고, 내전은 서구 언론의 상대적 무관심 속에 계속되고 있다.

4부

세계 패권의
10가지 동향

CHAPTER 1

기울어가는
미국의 시대

20세기의 50년 동안 세계를 지배했던 미국은 경쟁 세력이 부상하고 세계가 다극화되는 상황에 직면해 있다.

19세기 말 미국은 세계 최고의 경제 강국이 되었다. 그러나 전략적 권력에서는 일인자가 되지 못했는데, 식민지 제국으로 전 세계의 바다를 지배하던 영국이 여전히 그 자리를 차지하고 있었기 때문이다. 미국은 제1차 세계대전에 개입하며 연합군이 승리하는 데 결정적인 역할을 했다. 그러나 평화가 찾아오고 미국이 세계 질서를 정비하는 데 개입하려 하자 고립주의 세력이 강력하게 저항했다.* 1941년 12월 7일 일본이 진주만을 공격하자 고립주의 세력은

---

* 미국은 건국 이후 100년 넘게 고립주의를 공식 노선으로 고수했다. 1917년까지 미국은 일관

한계에 직면했고, 제2차 세계대전에 휩쓸려버렸다.

미국은 강력한 전쟁에서 빠져나온 유일한 국가였다. 그건 아마도 미국의 지리적인 위치에 그 이유가 있을 것이다. 미국의 땅덩어리는 동쪽과 서쪽의 끝, 양끝에 놓인 두 개의 대양에 의해 외부의 공격으로부터 보호받고, 남쪽과 북쪽으로는 우호적 관계에 있는 국가들과 국경을 접하고 있다. 그래서 전쟁의 주축이었던 다른 국가들처럼 폭탄으로 초토화되는 것을 피할 수 있었다. 전쟁에 참여했지만 성역과도 같은 국토의 위치 덕분에 미국은 다른 국가에 비해 인명 손실이 훨씬 적었다. 미국의 산업 잠재력은 피해를 입지 않았을 뿐 아니라, 전쟁을 하려는 다른 국가들의 산업 시설이 파괴된 덕분에 미국내 산업은 오히려 촉진되었다.

전쟁이 끝났을 때, 미국은 전 세계 석탄 생산량의 절반, 석유 생산량의 3분의 2를 차지했다.

전쟁 후 소련의 위협이 가시화되면서, 트루먼 대통령의 표현에 따르면 미국은 "자유세계의 선두"를 차지했다. 미국이 세계 제1의 세력이라는 사실에는 논쟁의 여지가 없었다.

되게 이 노선을 지켰으나 제1차 세계대전 당시 독일이 미국에 선전포고하면서 그 명맥이 중단되었다. 전쟁 후 열린 파리 강화회의에서 윌슨 대통령의 주도로 국제연맹이 창설되고 미국은 고립주의에서 완전히 벗어나는 것처럼 보였으나, 당시 야당이었던 공화당이 장악하고 있던 의회에서 국제연맹 가입이 부결되면서 미국은 국제연맹의 창설을 주도했으면서도 막상 가입은 하지 못한 채 다시 고립주의로 회귀했다.

미국의 힘은 여러 가지 형태로 나타났다. 우선 전략적 측면에서 봤을 때, 핵무기에 대한 독점권을 잃어버렸지만 군비 경쟁과 그 질적 측면에서는 여전히 선두에 있었을 것이다. 소련은 1970년 초반에 짧은 기간 동안 전략적인 측면에서 미국과 동등한 지위를 누렸다(소련에게 이런 지위를 허용했던 전략무기제한협상SALT1, Strategic Arms Limitation Talks은 1972년 5월 26일 체결되었다). 1980년대 초에 미국은 기술의 진보를 통해 다시 한 번 다른 국가들에 비해 두각을 나타내기 시작했다. 경제적인 측면을 보면, 당시 미국의 국내총생산은 세계 1위였다. 수많은 기술 개혁을 앞장서서 이루어내며 미국은 세계 전 지역에 엄청난 영향을 미쳤다. 미국식 생활방식American Way of Life은 전 세계 사람들을 매료시켰고, 세계적으로 인기가 높았던 미국의 영화와 대학 교육은 미국을 넘어서, 심지어는 미군이 주둔하지 않는 지역에서도 영향력을 키우며 미국의 국제 경쟁력 강화에 일조했다.

신정보통신기술에서도 미국은 압도적으로 우수한 기술을 보유하고 있었는데, 이 분야에서 함께 보조를 맞추어오던 소련이 붕괴하면서 상대적으로 더 앞서 나갈 수 있었다. 1990년대 프랑스의 외무부장관을 지낸 위베르 베드린Hubert Védrine은 '초강대국'이라는 개념을 만들어냈는데, 이는 과거의 '강대국'이라는 용어가 더 이상 국제사회에서 미국의 지배력을 설명하지 못하는 상황을 반증하는 것이었다. 같은 시기에 미국의 지정학자인 브레진스키는 과거의 제국들이 지역적 제국에 그친 반면 미국은 글로벌 시대의 첫 제국을 건설했다고 주장했다.

미국이 쇠락할 것이라는 잘못된 전망은 과거에도 여러 번 언급된 적이 있다. 1957년 소련이 우주를 점령하겠다며 스푸트니크 1호를 발사했을 때 미국의 쇠락을 예견하는 목소리가 나왔다. 또한 1950년대 말 대륙간 미사일의 개발로 소련이 미국의 영토를 위협할 수 있게 되며 건국 이후 성역처럼 지켜지던 미국 영토의 안전에 위기가 찾아왔을 때에도 많은 사람들이 미국의 쇠퇴를 예견했다. 베트남 전쟁이 교착 상태에 빠졌을 때, 1971년과 1973년 사이에 기축통화로서 미국 달러의 지위가 흔들렸을 때, 소련이 아프가니스탄을 침공했던 1979년에 그리고 이란에서 왕정이 전복되었을 때, 1980년대 말 자동차 산업과 전자 산업으로 일본이 미국인들의 코를 납작하게 만들었다는 인상을 주었을 때도 미국의 쇠락이 언급되었다. 그러나 매번 미국은 선두에서 경주를 계속하기 위해 다시 일어서곤 했다.

따라서 국제사회에서 다시 미국의 쇠락에 대한 전망이 떠돈다고 해도 과거만큼 진지하게 받아들여지기는 힘들지도 모른다.

현재의 경향이 과거 경제지표상의 데이터보다 구조적으로 훨씬 더 강력하다는 사실을 보여주는 두 가지 요소가 있다. 첫째, 글로벌화 시대에는 비록 세계 1위 세력이라 할지라도 자신이 원하는 대로 세계를 휘저을 수 없다는 사실이다. 이해 당사자들이 다양해지고 미국 혼자 국제 어젠다와 규범을 정할 수 없게 되었다. 둘째, 예상과 달리 미국이 호락호락 쇠퇴하지는 않겠지만, 여러 국가들의 역량 또한 강해지고 있다. 신흥강국의 수가 증가하고 있는 것이다.

미국이 초강대국이라는 믿음은 조지 부시가 일방적 정책을 펴는 계기가 되었다. 이라크 전쟁이 그 대표적인 예이며, 이 전쟁으로 미국의 세력은 급속도로 약화되었다. 오바마 대통령은 세계의 다극화와 미국 패권의 종말을 함께 겪은 정치가였다. 그래서 그는 전 세계에서 발생하는 모든 도발을 미국 혼자서는 해결할 수 없지만, 미국 없이 해결될 수 있는 도발도 없다는 사실을 반복해서 언급했다. 오바마 대통령의 정책은 미국이 새로운 군사적 위험에 빠지는 걸 피하는 데에 중점을 두었다.

오바마 대통령의 뒤를 이어 정권을 잡은 트럼프 대통령은 이미 선거캠페인에서 "미국을 다시 강력하게 만들자Make America Great Again"라는 슬로건을 내세우면서 미국의 쇠락을 암묵적으로 인정했다. 트럼프 대통령이 예측 불가능하고 불안정한 정책을 펼친다면 미국을 더욱 더 약화시킬지도 모른다.

그의 고립주의적 정책은 이미 직접적으로 미국의 이익을 위협하고 있다. 실제로 트럼프 대통령은 주요한 다자협약을 철회하는 (혹은 위협하는) 정책을 펼치고 있다. UNESCO, 파리 기후변화협약, 이란 핵협상*, 환태평양경제동반자협정Trans-Pacific Partnership Agreement, 북미자유무역협정NAFTA, North American Free Trade Agreement**등 의 주요한 다자 협약을 문제 삼거나 탈퇴하고 있다.

■■■ **요약**

냉전 이후 미국은 소련과 경쟁관계에 들어가기 전에 국제사회에서 주도권을 확립했다. 소련의 붕괴는 미국만이 지배하는 단극 세계의 출현에 대한 환상을 심어주었다. 그러나 전 세계가 글로벌화가 되고 다른 세력들이 부상하고 있으며 권력의 형태 또한 다양해지는 상황에서 이런 환상은 산산조각 나고 있다.

● 미국, 영국, 프랑스, 독일, 중국, 러시아 6개국과 이란이 2015년 7월 14일 오스트리아 빈에서 체결한 협상으로 이란의 핵 개발 프로그램을 제한하는 대신 이란에 가해졌던 각종 제재 조치를 해제하는 내용을 담고 있다.

●● 아시아 태평양 지역의 관세 철폐와 경제 통합을 목표로 하는 협력 체제로, 2018년 3월 8일 공식 서명 절차를 마쳤다.

CHAPTER 2
서구 권력의 종말

서구 세계는 지난 5세기 동안 독점적 지위를 차지하고 혜택을 누려왔으나 이제 그 지위를 잃을 상황에 놓여 있다.

5세기부터 10세기까지 민족들이 이주하는 통로였던 유럽은 수없이 많은 침략을 겪었다. 유럽이 처음으로 세력 팽창을 시도한 것은 1095년부터 1291년까지 진행된 십자군원정이었다.

'위대한 발견'이라고 불렸던 타 대륙으로의 진출이 활발해진 15세기 말부터 유럽은 세계를 점령하기 시작했다. 금과 향신료에 대한 갈망으로 유럽은 다른 문명권과 접촉하려 했고, 전쟁과 전염병을 통해 타 문명권을 파괴하거나 지배했다. 19세기는 유럽에게 이른바 새로운 팽창의 시대였는데, 이는 영토의 점령만이 아니라 증기기관, 철도, 전신과 같은 과학기술의 전파와 보급까지 포함하고 있었다. 미국과 라틴아메리카는 독립을 쟁취했다고는 하지만 여전히 유럽과 문화적으로 매우 가까운 관계에 있다. 라틴아메리카 대륙에서 권력에 오른 사람들은 백인이며, 인디언들과 혼혈인들은 요직에 접근하지 못하고 있다. 미국에서는 인종분리정책이 노예제도를 대신하기 시작했다. WASP*는 정치와 경제 분야에서 독점적 위치를 점하고 있다.

유럽 대륙은 오랜 세월 정치적으로 서로 경쟁하고 분열되어 있던 탓에 자연스럽게 대항의식이 생겨났고, 그 덕분에 타 대륙을 지배할 수 있었다. 19세기 초반까지 중국은 세계 총생산의 3분의 1을 차지했다. 그러나 권력이 중앙에 집중되어 있는 것이 문제였다. 15세기에 중국의 황제는 대륙의 발견이나 정복을 위해 중국 선원들을 위험을 무릅쓰고 해외에 나가게 하지 않겠다고 단언했다. 하지만 유럽의 경우는 달랐다. 포르투갈의 국왕이 해외 원정을 지원해달라는 크리스토퍼 콜럼버스Christopher Columbus의 요청을 거절하자, 콜럼버스는 스페인의 군주에게 지원을 호소했다.

유럽이 세계 정복을 시작하던 초기의 군사적 수단은 미흡한 편이었다. 하지만 전쟁이 지속되자 유럽 대륙의 국가들은 끊임없이 군사 장비를 현대화하고 탄탄하게 발전시키며 그 혜택을 누릴 수 있었다.

• White Anglo-Saxon Protestant의 약자로, 앵글로색슨족 백인 신교도들을 말한다.

1905년은 전환점이라고 말할 수는 없지만 최소한 어떤 계기가 된 시기이다. 일본이 러시아를 상대로 한 전쟁에서 승리한 것이다. 백인 국가가 전쟁에서 패배한 것은 러일전쟁이 최초였다.

제1차 세계대전이 발발하기 전에는 프랑스와 영국이 제국주의의 선두에 있었다. 벨기에, 포르투갈, 스페인, 독일, 네덜란드도 식민지 개척에 앞장섰다. 유럽인들은 '문명 선교'라는 명목으로 세계를 그들끼리 나누어 지배했다.

그러나 유럽의 강점이었던 경쟁력은 유럽의 피해로 돌아왔다. 유럽의 경쟁력은 제1차 세계대전의 발발로 이어졌는데, 이 전쟁은 유럽 대륙 안의 내전이나 다름없었다. 제1차 세계대전은 유럽을 경제적, 인구적으로 약화시켰다. 제2차 세계대전은 국제사회에서 유럽의 지배력에 종지부를 찍는 결정적인 계기가 되었다. 승자와 패자 모두 폐허 속에 남겨졌으며, 미국과 소련이 이들을 지배하고 보호했다. 유럽은 이제 더 이상 세계의 중심이 아니었다. 그저 소련과 미국의 내기에 걸린 판돈에 불과했다.

식민 제국은 타격을 입고 흔들렸으며 빠른 속도로 무너져내렸다. 국제사회에서 주도권을 이어받은 미국은 항상 서구 세계라는 이름하에 자신의 권력을 행사했다. 소련이 미국과 경쟁관계를 유지했지만, 미국의 패권을 전복할 수는 없었다.

1990년대에 진행된 세계화는 전 지구적 차원에서 미국화가 진행되는 과정처럼 인식되었다. 이것은 마치 16세기에 전 세계가 유럽화되는 것처럼 인식되었던 것과 같다. 모든 것이 빠른 속도로 변해갔다. 아프리카 대륙의 인구통계학적 성장, 아시아 대륙의 경제발전, 이슬람 국가의 전략적 성장 등 서구의 지배에 대한 도전은 수도 없이 많다.

부상하는 신흥국가가 BRICS, 즉 브라질, 러시아, 인도, 중국, 남아메리카만은 아니다. 신흥국가로 분류되는 나라는 수십 개이며, 대부분이 비서구 지역의 국가들이다.

이들은 서구 국가들에게 도움을 요청하지 않고, 스스로의 힘으로 발전하고 있다. 더구나 이들은 서구 세계가 공동의 이해 혹은 가치의 보편화라는 명목으로 그들끼리 국제사회의 어젠다와 규범을 결정하는 걸 더 이상 수용하지 않는다. 500년 동안 세계를 좌지우지하는 데 익숙했던 서구 세계는 전 세계로부터 심각한 질문을 받고 있으며, 수십 세대 동안 서구인이 겪지 않았던 상황에 직면해 있다.

■■■ 요약

위대한 발견, 기술의 진보, 그리고 경쟁력의 상승 덕분에 유럽 세력들은 세계를 지배할 수 있었다. 그러나 두 번의 세계대전으로 유럽 세력은 약화되었고, 미국이 그 자리를 대신하게 되었다. 이제 다른 세력들이 급부상하면서 서구 세계가 절대 우위를 차지하던 시기는 끝이 나고 있다.

CHAPTER 3

태평양으로 향한 미국의 시선

미국은 오랫동안 대서양을 향한 정책을 펼쳐왔으나, 최근에 태평양 연안에 자신들의 이익이 놓여 있다는 걸 깨닫게 되었다.

18세기 후반기에 독립을 쟁취한 이후, 미국은 자국과 두 개의 아메리카 대륙에만 집중했다. 제2차 세계대전이 끝나면서 소련의 도전에 맞서기 위해 미국은 고립주의 정책에 종지부를 찍었다. 그리고 서유럽의 방위를 지원하며, 평화 시기의 군사 동맹인 북대서양조약기구(NATO)에 처음으로 가입했다. 이후 소련과의 경쟁이 국제사회의 특징으로 자리 잡으면서 결국 세계 대부분의 지역에서 군사 협약을 맺었고, 그중에서도 유럽은 핵심적인 동맹이었다. 1980년대 초 캘리포니아 주지사였던 로널드 레이건^{Ronald Reagan}이 권력을 잡으면서 '미국의 태평양 진출'에 대해 언급하기 시작했다.

그는 세계의 중심이 지중해에서 대서양으로 이동했다가 다시 태평양으로 옮겨갈 것이라고 보았다. 일본 세력이 부상하고 아시아의 호랑이들이 급속도로 발전하면서 이 지역의 경제적 매력은 커져갔다.

그러나 태평양은 텅 빈 대양이고, 세계의 중심이 될 수 없다. 태평양은 그곳에 중요성을 부여하는 아메리카 대륙과 아시아 대륙 간의 통로이다. 동서 간의 경쟁은 국제관계를 읽어내는 주요 가늠자로서 계속 남아 있었다. 인도와 중국이라는 거인이 출현했으며, 동남아시아 국가들은 눈부시게 발전하는 가운데 냉전은 종결되었고, 아시아 대륙은 비할 데 없이 중요해졌다. 2030년에 아시아 대륙은 세계 인구의 58퍼센트, 전 세계 총생산의 40퍼센트를 차지할 것으로 추정된다.

그런데 이 시점에서 미국의 관심이 대서양에서 태평양으로 바뀌었다기보다는 오래전부터 유럽이 아시아에 더 관심을 기울인 것은 아닌지 한 번쯤 의문을 품을 수 있다.

하와이와 인도네시아에 거주한 경험이 있는 오바마 대통령이 2010년 5월 유럽연합-미국 정상회담에 참석하는 것을 거부하자 유럽 국가들은 심리적인 쇼크 상태에 빠졌다. 유럽 국가들은 그들의 입장에서 아시아에 대한 미국의 배려가 지나치다고 불평해왔다. 그들은 아시아의 이익을 고려하는 워싱턴을 보며 미국이 유럽을 포기할까 두려워한다. 현재의 국제관계를 봤을 때, 미국에게 유럽은 고민거리도 해결책도 아니다. 우선 (조지 부시 대통령 집권 시절 고조되었던 긴장이 해소되며) 유럽과의 관계가 진정되었다는 측면에서 고민거리가 아니다. 또한 이란에서 이스라엘-팔레스타인 분쟁으로, 그리고 아프가니스탄에서 이라크로 옮겨간 미국 대통령의 주된 걱정거리에 대해 유럽이 해결책을 가져다줄 수도 없다.

인구나 경제적인 측면의 중요성 이외에도 아시아 대륙에는 미국의 현재 또는 미래의 주요 경쟁자로 간주되는 중국이 자리 잡고 있다. 전략적 경쟁, 협력 및 경제적 경쟁을 기반으로 하는 중국과 미국의 관계는 워싱턴으로서는 가장 중요한 양자 관계이다. 이 지역에서 미국은 일본과 남한 이외에도 인도와 동맹을 체결하려 하고 있다. 미국과 인도의 동맹은 (세계에서 가장 큰 민주주의 국가인) 두 정치 체제를 비교할 수 있게 되고, 또한 미국 내 소수 집단인 인도인 단체들이 양국 간의 가교 역할을 하며 훨씬 수월해졌다. 인도는 워싱턴과의 동맹으로 세계 여섯 번째 강대국으로 인정받았다. 한편, 미국은 인도와의 동맹으로 소련과 대립하며 중국과 수교를 맺었던 것처럼 현재 중국과의 경쟁에서 균형추 역할을 하리라 기대하고 있다.

미국은 인도가 유엔 안전보장이사회의 상임국이 될 수 있도록 돕고 있다. 그러나 미국은 아프가니스탄 문제를 해결하는 데 매우 중요한 파키스탄과도 우호적인 관계를 유지할 필요가 있고, 이것은 뉴델리와 워싱턴 간에 논쟁거리로 남아 있다.

인도네시아 또한 중요한 요인이다. 인도네시아는 세계에서 인구가 가장 많은 이슬람 국가이다. 또한 민주주의가 공고해진 남반구에서 새로 부상하고 있는 국가이기도 하다. 뿐만 아니라 인도네시아는 제3세계의 후계자이며, 1955년 반둥회의°의 구성원으로 자결권을 가지고 있다. 이런 이유에서 중국과 미국은 인도네시아의 비위를 맞추려 애쓰고 있으며, 인도네시아는 두 국가로부터 독립적인 거리를 유지하고 있다.

2012년 오바마 대통령은 '아시아로의 회귀Pivot to Asia'라는 정책을 선언했는데, 이는 중국의 도전에 맞서서 이제 전략적으로 더 이상 중요하지 않은 유럽과 너무나도 빈번하게 실패했던 중동에서 눈길을 거두어 아시아에 우선순위에 두겠다는 것을 암시했다. 그러나 사실 세계 최강대국인 미국은 어느 대륙도 포기할 수 없는 상황에 놓여 있다.

트럼프 대통령은 중국 수입품에 대해 45퍼센트의 관세를 부가하겠다고 약속했다. 그리고 대통령에 당선되자마자 이 약속을 실행하려 했고, 환태평양경제동반자협정(TPP)에서 탈퇴하며 중국에 맞

● 1955년 4월 18일 인도네시아의 반둥에서 아시아와 아프리카 29개국 대표단이 모여 개최한 국제회의로, 'AA(아시아-아프리카)회의'라고도 한다. 참가국들은 서로 간의 긴밀한 관계 수립을 모색하는 한편 냉전 속에서 중립을 선언하며 식민주의의 종식을 촉구했다. 이 회의는 수 세기 동안 서유럽과 북미 열강의 식민주의와 제국주의에 시달려온 아시아와 아프리카 민중이 외세에 대해 집단적으로 저항을 선언했다는 점에서 의미를 갖는다.

서고 있다.

최근에 북한이 탄도미사일을 개발하고 핵 실험을 감행하자, 트럼프 대통령은 이 지역에서 미국의 존재감을 강화하고 있으며, 다시 군비를 갖추고 있는 일본과 더욱 가까워지고 있다.

■■■■ 요약

미국은 태생적 이유에서, 그리고 소련과의 경쟁 때문에 원칙적으로 대서양을 향한 정책을 펼쳤다. 그러나 냉전이 끝나고 아시아 국가들이 국제 무대에 부상하면서 미국은 점차 태평양을 향해 돌아서고 있다.

CHAPTER 4
증가하는 국가

1945년 이후 전 세계 국가의 수는 4배로 증가했다. 이런 움직임은 '국가의 급속한 증대'라고 할 수 있을 정도로 지속되었다.

대량 파괴를 가능하게 하는 핵무기의 확산은 수십 년 동안 국제사회의 안전을 위협하는 주요 요인으로 여겨졌다. 핵무기가 출현한 이후, 핵무기를 보유한 국가의 수는 상대적으로 서서히 증가했고(1945년부터 미국 외에 8개국이 핵무기 보유국이 되었다), 핵무기의 보유는 엄격하게 통제되었다(비확산체제는 넘을 수 없는 장벽을 구축했다).

그런데 절대 통제할 수 없을 것처럼 급속하게 증가하고 확산된 것이 하나 더 있는데, 그것이 바로 국가이다.

유엔이 창립될 당시에는 50여 개에 불과했던 국가의 수는 현재

193개로 보고되어 있다. 국가나 정치 개체의 수는 19세기에 급격하게 감소했는데, 독일과 이탈리아의 통일에 그 원인이 있었다. 20세기에 들어 제1차 세계대전이 종결되면서 오스트리아-헝가리 제국, 오스만투르크 제국이 해체되었고, 제2차 세계대전 이후 식민지에 대한 지배가 끝나면서 민족자결권과 민족 독립의 이름으로 국가의 수가 증가했다.

동서대립 체제의 붕괴는 제3의 물결, 다시 말해 소련과 유고슬라비아 같은 다민족 제국이 해체되는 양상을 가져왔다. 이 경우 민족적 정체성을 분명히 하려는 의지보다 분리주의를 표방한 경제적 이유에서 해체의 원인을 찾을 수 있다. 과거 소련의 슬라브족 국가(러시아, 우크라이나, 벨라루스)는 만약 그들이 중앙아시아 주변 국가들의 중압감을 제거해주면 더 안전하게 자신들의 경제 발전을 보장받을 수 있으리라고 생각했다.

구 유고슬라비아는 다양한 민족들로 구성된 연방국가였으나, 슬로베니아가 독립을 하겠다는 적극적인 의지를 표명하면서 해체되기 시작했다. 슬로베니아는 규모는 작았지만 국민총생산이 연방국들 중에서 상위에 속했으므로 독립을 하면 유럽연합으로 쉽게 편입될 수 있고, 그럴 경우 급속한 경제 발전을 이룰 수 있으리라는 계산을 하고 있었다. 유럽연합 회원국 내에서 가장 부유한 지역은 자치권이나 독립을 주장하고 있는데, 벨기에의 플랑드르, 이탈리아의 파다니아, 스페인의 카탈로니아가 대표적이다. 이 지역에서는 민족적 정체성이나 문화적 권리는 보장되었지만, 불평등한 부의 배분으로 차별이 심해졌다. 카빈다*의 독립영토해방전선이 앙골라 정부를 상대로 독립을 주장하는 건 이 지역에 국가 석유 생산량의 대부분이 집중되어 있기 때문이다. 볼리비아에서도 광산 자원이 집중되어 있는 지역이 분리주의 의지를 보이고 있다. 남수단이 독립을 주장하는 것도 종교적인 차이 때문이 아니라 그 지역이 가장 중요한 석유 생산지를 보유하고 있기 때문이다. 말하자면 분리주의를 주장하는 것은 곧 부를 나누지 않겠다는 의지의 표현이다. 국가(혹은 국가라고 주장하는 지역)는 통일된 형태의 넓은 지역에서는 경제적 번영을 이루기 어려우며, 더 작은 규모에서는 쉽게 경제 발전을 얻을 수 있다고 확신하고 있다. 때로 다수는 소수를 비생산적이라고 판단하여 제거하려 하고, 반면 소수는 다수로부터 독립해서 자신들의 상황이 개선되기를 원하고 있다.

풍부한 천연자원이나 발전된 경제 체제를 소유한 부유한 지역은 분리 정책이 경제적 이익을 가져올 거라 생각하며 자원의 소유권을 주장하고, 다른 지역과 부를 나누지 않겠다는 의지를 드러낸다.

● 아프리카 남서 해안에 위치한 앙골라의 주. 콩고민주공화국과 콩고공화국에 둘러싸여 있는 월경지이다. 1967년 카빈다 연안의 해상에서 석유가 발견되어 앙골라 산유량의 60퍼센트가 이 지역에서 생산된다. 1975년 앙골라와 카빈다가 동시에 포르투갈에 독립을 선포했으나, 카빈다를 자국의 일부분으로 여긴 앙골라는 1975년 11월 카빈다를 침공했고, 이 전투는 2002년 앙골라 내전까지 거의 30년간 지속되었다.

정치가들 역시 거대하지만 가난한 국가의 정치가이기보다는 규모는 작으나 부유한 국가의 우두머리가 되기를 원한다.

분리주의 움직임은 통치하기가 힘들 정도로 세계를 세분하기를 원하는 극단적인 주장으로까지 이어지기도 한다.

그래서 인위적이거나 실행될 수 없는 형태의 국가를 건설하려는 주장이 나오면서 불안정한 회색 지역이 형성되기도 한다. 이렇게 지역적으로 세분되어 국가가 늘어나면 연대감이 희석되는 부작용이 생긴다. 분리주의는 승수효과를 가져온다. 유고슬라비아라는 하나의 지붕 아래에서 크로아티아의 세르비아인으로 살아가는 것은 문제가 되지 않는다. 그러나 크로아티아가 독립을 하면 세르비아인들 역시 크로아티아인과 같은 독립적인 지위를 가지려 할 것이다. 과거 소련에 속해 있던 대부분의 국가에서 반작용으로 분리주의 움직임이 일어난 바 있다. 현재, 분리주의 현상은 모든 대륙에서 나타나고 있으며 대부분의 경우 가장 부유한 지역과 관련되어 있다. 대표적인 사례로 2017년 말 카탈로니아에서 일어난 독립의 움직임과 이라크에 거주하는 쿠르드족을 들 수 있다.

체코와 슬로바키아 간의 분리는 예외적인 경우였다.* 과거 유고

● 체코슬로바키아는 1993년 1월 투표에 의해 분리독립을 결정했다. 독립 과정에서 내전을 겪는 다른 나라와 달리 체코슬로바키아의 공산독재 체제가 대학생과 지식인들의 무혈혁명(벨벳혁명)으로 무너졌듯이, 독립 과정에서도 어떤 유혈충돌도 일어나지 않았다. 때문에 체코와 슬로바키아의 분리는 '벨벳 이혼'이라는 별칭을 얻었다.

슬라비아에서 수단의 남부 지역까지, 분리주의 움직임은 재앙을 초래했다. 남수단의 분리주의 움직임은 석유 자원이 풍부하고 부유한 국가에 평화와 번영을 가져오지 못하고 내전을 촉발하며 극단적인 결과를 초래했다. 분리주의 움직임은 대부분 분쟁을 낳고, 중앙 권력은 주변부의 자치권을 인정하지 않고 힘을 행사하려 한다.

대부분의 분쟁은 내전으로 확산된다. 그리고 거의 모든 내전은 분리주의 움직임의 영향을 받아 가속화된다. 과거에는 정복이 목적이었던 전쟁은 이제 분리독립을 목표로 하는 전쟁으로 바뀌었다.

또한 분리주의 운동은 영토의 일부에 있는 자원에서 얻는 수입을 겨냥할 수도 있다. 따라서 그 수입에 대한 통제권을 유지하려는 행위와 권리는 분리시켜야 한다.

■■■ 요약

핵무기 확산이 상대적으로 억제된 반면 국가의 수는 급속히 증가했고, 분리주의 움직임이 강화되면서 국가라는 형태를 확산시키자는 논의가 촉발되었다. 분리독립을 주장하는 이들의 배후에는 경제적인 이유가 주요한 요소로 자리 잡고 있고, 이는 매우 폭력적인 분쟁을 초래하고 있다.

CHAPTER 5

새로운 최대강국, 중국

30년이 넘는 기간 동안 중국은 (상대적으로 속도가 느리기는 했지만) 두 자리 수의 성장을 이루어왔고, 머지않아 세계 최고의 권력이 될 것으로 보인다.

마오쩌둥 시기의 중국은 다른 국가들에게 두려움의 대상이었다. 이 당시 중국은 세계에서 가장 많은 인구와 집단 교육 체계를 가지고 있으며, (문화대혁명이나 대약진운동 같은) 정치적 격변을 겪는 동시에 미국을 비판하는 만큼 소련도 비난하며 국제 질서에 의문을 제기하고 있었다. 하지만 실제로 중국은 경제 분야의 저개발, 낙후된 군사 장비, 국가 내부를 분열시키는 폭동 등으로 국제사회의 문제에 신경을 쓸 여유가 없었다. 1978년 덩샤오핑이 산업, 기술, 농업, 국방의 4개 분야에서 현대화와 경제 개방을 주장하며 권력에 오른 이후 중국은 멈추지 않고 강력한 성장을 이루어냈고, 이번 세기에 미국을 밀어내고 세계 제1의 강대국 자리에 오르려는 전망을 갖게 되었다.

19세기 초반에 중국은 인구와 국내총생산에서 이미 전 세계의 30퍼센트를 차지했으나 체제 면에서는 여전히 세계화하지 못하고 있었다. 중화 제국은 외부 세력과의 접촉을 모두 거절했지만 외부 세력은 중국에게 지속적으로 개방을 강요했는데, 이는 중국을 갈가리 쪼개놓기 위해서였다. 내부적으로 분열되어 있던 중국은 유럽 세력에 무릎을 꿇고 모욕을 당했으며, 20세기에는 일본의 침략을 받았다.

중국이 주권에 대해 강한 집착을 보이는 건 이런 역사적인 상처에 원인이 있다.

지난 30년 동안 중국의 경제 규모는 8년마다 2배씩 성장했다. 중국의 외환보유액은 2017년 10월에 3조 1천억 달러였는데, 이는 1조 3천억 달러로 세계 2위를 기록한 일본보다 50퍼센트 이상 많은 액수였다. 전 세계에서 사용되는 기중기의 절반이 중국에 있으며, 중국은 시멘트, 강철, 석탄, 유리, 알루미늄과 같은 원료 생산에서 전 세계 생산량의 절반을 차지하고 있다. 중국의 성장세는 다른 국가에 비해 압도적일 뿐만 아니라, 그 규모와 비중 면에서 세계 어떤 나라의 성장보다 전 세계에 중요한 파급 효과를 가져왔다. 중국의 발전은 세계 인구의 5분의 4, 즉 중국인이 아닌 모든 사람들에게 주요한 영향을 주었다. 2008년 금융위기 이후, 중국은 수출에만 의존하지 않기 위해 내부 수요를 증가시키며 자국의 경제 발전을 위해 노력했다. 또한 '신 실크로드●'라는 엄청난 규모의 프로젝트를 시작했는데, 이것은 세계적인 규모의 인프라 구축을 목표로 한다.

중국이 세계 강대국으로 부상하는 건 피할 수 없는 사실인가? 중국도 일본처럼 투기 거품이 빠지는 현상을 겪게 될 것인가? 이밖에도 여러 가지 질문이 제기될 수 있다. 중국이 지금과 같은 단일체를 유지하게 될 것인가? 중국은 기술적인 이유가 아니라 경제적인 이유로 위협받게 될 것이며, 무서운 성장세를 보이는 해안 지역과 더디게 성장하는 농촌 지역 간의 균형을 찾아야 할 것이다. 그리고 중국의 역동성에 걸림돌이 될 수 있는 인구 노령화 문제에도 직면하게 될 것이다. 이런 이유에서 한자녀 정책도 폐지하게 되었다. 국가 자본주의 시스템을 공산당의 권력 독점으로 유지할 수 있을 것인가? 이 시스템이 성공하면서 경제 성장을 보장한다면 국민과 정부 사이의 사회 협약은 유지될 것이다. 하지만 성장이 둔화되면 이 사회 협약에 의문이 제기되며 정치적 혼란이 야기될 것이다. 더구나 중국은 국제사회에 자국의 이미지를 개선해야 할 필요성을 충분히

● 중앙아시아와 유럽을 잇는 육상 실크로드(일대, 一帶)와 동남아시아와 유럽, 아프리카를 연결하는 해상 실크로드(일로, 一路)를 건설하려는 중국의 거시적 구상으로, 흔히 일대일로(一帶一路)라고 불린다. 시진핑 주석이 2013년 9월에서 10월 중앙아시아 및 동남아시아 순방에서 처음 제시했다.

인식하고 있고, 이런 이유에서 싱크탱크를 출범시켜 국제적인 TV 채널을 개시하고, 전 세계에 공자학원을 확대하며, 아이디어 토론 회를 개최하는 등 소프트 파워를 개선하려고 노력하고 있다.

환경오염 문제도 중국이 직면해야 할 주요한 도전이 될 수 있다. 지금까지 중국은 경제 성장에서 환경을 거의 고려하지 않았다. 그러나 중국 정부는 이제부터 이 문제에 대해 적극적으로 노력해야 할 필요가 있다는 걸 잘 알고 있는데, 중국 여론의 압력이 큰 부담이 되고 있기 때문이다(중국은 2015년 12월에 채택된 파리 기후변화협약에 비준했다). 사회적 불평등이 심화되는 것도 걱정해야 한다. 권위주의적인 권력을 바탕으로 중국은 장기적인 시각을 가지고 안정적으로 국가 발전에 대한 비전을 세울 수 있다.

중국이 원하는 것은 세계의 지배가 아니라, 단순히 자국의 이익을 보호하는 것이다. 세계에 대한 자신들의 비전을 퍼뜨리며 자신들의 신앙으로 다른 민족을 개종시키려는 의지를 지속적으로 관철시켜 온 기독교나 이슬람의 영향을 받은 국가들과 달리, 중국은 그저 중국이라는 존재 자체로 존경받고 인정받는 세계적 권력이 되는 것으로 충분하다.

중국인들은 식민지를 만들거나 영토를 확장할 의사가 없다. 단지 자신들의 영토를 온전히 보호하려고 할 뿐이다. 이런 이유에서 중국은 19세기에 영국과 포르투갈이 정복했던 홍콩과 마카오의 반환 문제를 마치 고통스러운 과거를 일단락하는 것처럼 여기고 있다. 지금 중국의 주요한 지정학적 목표 중 하나는 대만과의 통일일 것이다.*

2011년 중국의 국내총생산은 일본의 국내총생산을 넘어섰다. 2013년에 중국은 (수출과 수입에서) 세계 제1의 무역국으로 성장하며 미국을 앞질렀다. 실제로 중국의 국내총생산이 미국의 국내총생산을 넘어설 것인지에 대해서는 더 이상 질문의 여지가 없다 (2015년에는 구매력을 기준으로 한 국내총생산에서 중국이 미국을 추월했다). 그것은 시기의 문제일 뿐이다.

요약

중국은 마오쩌둥의 지배하에서는 경제적으로 오랜 기간 침체를 면치 못하다가 1980년대 초반부터 외국 자본에 문호를 개방하면서 폭발적인 성장의 혜택을 누려왔다. 그리고 이제 세계 제1의 강대국이라는 유리한 고지를 점하고 있다. 중국인들은 자신들은 완벽하게 평화적으로 발전을 이루어왔다고 주장한다. 그러나 중국이라는 무게만으로도 세계의 균형을 뒤흔들 수 있다.

---

* 중국과 대만에 대해서는 3부 7장을 참조할 것

CHAPTER 6
여론 권력의
부상

"세계 역사상 처음으로, 인류 전체가 정치적으로 능동적이 되었다."

즈비그뉴 브레진스키의 이 말은 국제관계의 가장 엄청난 구조 변화 중 하나를 설명하고 있다.

루이 13세 시기에 리슐리외Richelieu는 혼자 프랑스의 외교 정책을 (성공적으로) 이끌었다. 루이 14세와 루이 15세가 통치하던 절대군 주제 시대까지 포함하여 그 이후에는 국가의 중대사를 왕과 관료들이 결정하더라도 전쟁에 대한 부담과 관련해서 국가가 고려하거나 감당해야 할 것에 대해 조금은 주의를 기울였다. 그리고 프랑스 혁명 이후에는 국민들의 의견에 더 무게가 실렸다. 국가의 군대를 설립하는 데에도 여론의 지지가 더 필요하게 되었다. 정보 수단이 발달하며 나라 밖에서 일어나는 일에 대한 관심도 커졌다. 나폴레옹 3세가 이탈리아의 통일에 개입했을 당시, 그가 어떤 황제였는지에 관계없이, 그는 교황에 대한 가톨릭교도들의 지지와 함께 이탈리아 통일에 대한 또 다른 여론도 고려해야 했다. 19세기 말 유럽에서는 레바논 내의 기독교도들과 오스만투르크 제국의 지배하에 있던 그리스와 세르비아의 독립을 돕기 위한 움직임이 있었다.

제1차 세계대전은 애국적인 움직임이 대중적으로 확산되는 기회가 되었는데, 이는 열정을 진정시키기보다는 경쟁을 전투적으로 격화시키는 역할을 했다. 이후에는 강력한 평화주의의 흐름이 일어났다. 냉전은 사실상 프로파간다 전쟁, 다시 말해 결국 여론을 자신의 편으로 만들려는 전투였으며, 사회주의를 옹호하는 입장에서는 자본가들의 착취를, 민주 진영에서는 공산주의 독재를 맹렬히 비난했다.

정보와 통신 분야에서 신기술이 개발되면서 새로운 국면이 시작되었다. 정보와 통신 수단이 탈중심화, 개인화되는 경향을 띠기 시작한 것이다.

민주주의 국가에서는 당연한 현상이지만 권위주의 체제에서도 여론은 활발하게 힘을 받기 시작했다. 북한은 예외가 되겠지만, 어떤 체제도 힘으로만 유지될 수는 없다. 대중의 지지를 얻지 못한다면, 최소한 격렬한 저항을 일으키지는 않아야 한다. 오늘날의 세계에서 어떤 체제든 정보 수단을 통제하는 것은 불가능해졌다. 시민

사회는 인터넷을 통해 스스로 정보를 얻고 교환하고 움직이고 있다. 과거에 정보를 독점하던 정부는 이제 그 힘을 상실했다. 이미지가 권력의 중요한 요소가 되었고, 여론을 얻기 위한 전투는 재평가된다. 이라크와 아프가니스탄 내 일부 여론은 미군의 주둔을 점령으로 간주하며 저항했는데, 이 점을 고려할 때 이라크나 아프가니스탄에서 미국이 확보한 엄청난 군사적 우위는 사실 빈약한 수준의 원조일 뿐이다. 모든 정부는 두 가지 측면에서 전투를 해야 한다. 우선 국가의 이익에 따라 정책을 추진하고 있다는 사실을 국민들에게 설득해야 하고, 다음으로 그런 정책이 보편적 이익과 양립할 수 있음을 다른 국가들에게 설득해야 한다. 이 두 가지가 항상 납득되는 것은 아니지만, 만약 한 가지를 선택해야 한다면 어떤 정부라도 외부의 승인보다는 국가 내부의 지지라는 카드를 선택할 것이다. 그럴 경우 그 대가로 국제사회의 비난을 감수해야 한다. 조지 부시 대통령의 재임 기간 동안 미국의 외교 정책에 대한 평판은 형편없었다. 그 결과 미국의 이미지는 급격히 실추되었고, 국제사회에서 미국의 지위 역시 상대적으로 약화되었다.

현 이스라엘 정부는 국가 내부에서 든든한 지원을 받고 있으며, 팔레스타인과 비교했을 때 군사적인 측면에서도 걱정할 것이 없다. 그러나 팔레스타인에 대한 억압적 정책으로 국제사회에서 이스라엘의 평판은 급속히 떨어지고 있다. 러시아나 중국처럼 전통적인 의미의 민주주의 체제가 아닌 국가들은 국제사회에서 자신들의 정책이 가져올 수 있는 이미지에 대해 걱정하고 있다. 이 국가들은 인정하지 않고 있지만, 사실 그들은 여론의 움직임을 자신들의 방식대로 해석하고 있다.

정보와 통신 분야의 신기술 덕분에 시민들은 세계 곳곳에서 다른 이들의 의견을 수용하는 동시에 자신의 의견을 송신하는 주체가 되었다. 시민 사회는 세계 곳곳에서 다양한 형태로 발전해나가고 있다.

■■■ **요약**

과거에는 국제 정치의 결정 과정에 여론이 개입할 여지가 없었지만, 여론은 지속적으로 힘을 얻고 있다. 이제 여론은 민주주의 국가에서뿐 아니라 다른 정치 체제에서도 괄목할 만한 역할을 하게 될 것이다.

CHAPTER 7
하드 파워보다 강력한
소프트 파워

영향력은 강요나 구속보다 훨씬 효과적인 힘의 도구이다. 조지프 나이는 국가정보위원회*의 위원장이며 클린턴 정부의 국방부 장관 보좌관으로 하버드 대학 케네디스쿨의 최연장자였다. 그는 권력이란 주어진 결과를 이끌어내고, 가능한 한 다른 사람들의 행동을 자신이 원하는 대로 바꾸는 것이라고 했다. 그는 권력의 고전적인 요소들, 즉 인구, 영토, 경제력, 지혜롭게 이용되어야 하는 군사력을 열거했다.

역사적으로 권력은 정복 행위나 전쟁을 통해 군사적인 면으로 드러나곤 했지만, 오늘날에는 훨씬 복잡한 양상을 띠고 있다. 나이는

● National Intelligence Council, 미국 정보공동체를 통괄하는 미국 국가정보장의 직속기관

미국이 군사력으로 중동과 아시아에서 세력을 얻었음을 인정했는데, 이것이 바로 게임 규칙을 유리하게 만드는 권력의 고전적인 형태인 하드 파워Hard Power이다. 그리고 나이는 미국의 '하드 파워'가 경쟁자들에 비해 상대적으로 쇠퇴하고 있다는 것을 인정했다. 그럼에도 불구하고, 미국은 비교할 수 없는 성공 수단, 즉 간접적인 형태를 취하고 있으나 힘을 행사하는 데 매우 효과적인 '소프트 파워Soft Power'를 갖추고 있다. 그것은 다름 아닌 영향력인데, 이는 한 국가에게 유리하게 작용하는 매력을 수용하는 능력을 말한다. 미국의 경우, 미국이 가진 자유와 번영, 사회의 개방성과 유동성이 지닌 가치는 다른 지역의 사람들에게 상당히 매력적으로 보인다. 미국의 대학은 세계의 대다수 엘리트들에게 매력적이며, 이들은 미국에 우호적인 인식을 가지고 고국으로 돌아간다.

또 다른 사례로 나이는 스칸디나비아의 국가들에 대해 언급하는데, 이 국가들은 개발 원조에 동참하고 평화유지군을 파병함으로써 그들의 군사적, 경제적 역량을 뛰어넘는 명성과 인기를 얻고 있다. 또한 스칸디나비아 국가들은 대중문화를 주도하면서 확실한 이익을 얻고 있다. 할리우드는 분명 전 세계 사람들을 꿈꾸게 하고, 문화의 표준을 세계로 수출함으로써 영향력을 행사한다. 할리우드 문화는 강요에 의해서가 아니라 관람객들이 자발적으로 참여하여 확산시키는 만큼 더 효과적이다.

소프트 파워는 정치적으로 영향을 주고, 수월하게 시장을 정복할 수 있도록 한다. 만약 한 국가가 다른 국가와 자신이 공동의 이해를 가지고 있음을 설득해낼 수 있다면, 강요나 구속에 의한 것보다 훨씬 쉽게 그리고 지속적으로 그 국가의 정치에 참여할 수 있을 것이다.

소프트 파워가 하드 파워와 다른 것이라면, 한 국가는 자신의 권력을 확인하기 위해 이 두 가지를 모두 갖추어야 한다. 냉전이 끝날 무렵 소련이 국제사회의 이미지 싸움에서 크게 패하며 미국은 유리한 위치에 설 수 있었다. 소련은 개방된 민주사회에 비해 독재적이고, 전체주의적이며, 관료적이고 비효율적으로 보였다.

"교황이라, 그 사람은 사단을 몇 개나 가지고 있지?"*스탈린은 바티칸의 군사력이 부족한 것을 비웃기 위해 이렇게 물었을 것이다. 하지만 소련은 사라졌고, 프란치스코 교황은 여전히 도덕적인 면에서 전 세계에 영향력을 행사하고 있다.

미국이 (이라크에서와 마찬가지로) 아프가니스탄에서 유리한 위치에 설 수 있었던 것이 하드 파워 덕분임은 의심의 여지가 없다. 그러나 아프가니스탄에 대해 미국의 소프트 파워는 너무나 부족했고, 이 때문에 군대를 포함한 모든 미국인들의 존재감도 극도로 약

● 1935년 모스크바에서 프랑스 외무장관 라발과 회담을 하던 중 스탈린이 한 말. 프랑스와 소련이 독일의 위협에 함께 대처하기 위해 진행된 회담의 막바지에 라발이 교황의 지지를 얻기 위해 소련에서 종교 탄압을 줄여줄 것을 부탁하자 스탈린이 이렇게 물었다고 한다. 이것은 처칠의 회고록에 나오는 내용이다.

화되었다. 오바마 대통령은 세계 여론을 재정복하는 것에 우선순위를 두었다.

작은 나라 카타르는 알자지라 방송*의 성공으로 국제적 위상을 높일 수 있었다.

달라이 라마는 분명히 엄청나게 큰 소프트 파워를 가지고 있다. 달라이 라마는 티베트 국민과 불교 신자가 아닌 사람들에게까지 진보적인 도덕적 리더십을 발휘하여 서구 사회의 여론에서는 물론이고 할리우드의 스타들에게까지 폭넓은 지지를 받고 있다. 그러나 달라이 라마가 망명생활을 해야 하는 건 전적으로 하드 파워가 부재하다는 증거이다. 이와 반대로 중국은 티베트에 대한 정책 때문에 서구 언론으로부터 거센 비난을 받고 있지만, 여전히 티베트 영토 내에서 자결권을 행사하고 있다. 소프트 파워의 결핍으로 고통을 받는 것은 러시아도 마찬가지이다. 중국와 러시아는 이런 상황을 인식하고, 지금까지 외면해왔던 분야에 투자하기 시작했다.

세계화 덕분에 정보는 더 빠른 속도로 확산되고 보편적으로 유통되고 있다. 동시에 권력을 규정하는 데에도 이미지의 중요성이 무엇보다 커지고 있다. 때로 어떤 국가에게 이미지는 장벽 역할을 하기도 한다.

---

* 1996년에 개국한 카타르의 위성 민영 방송사

요약

하드 파워 혹은 구속력은 오늘날 강대국이 되기 위한 충분조건이 아니다. 강대국이 되려면 영향력, 즉 소프트 파워가 반드시 필요하게 되었다. 자발적으로 정치적 지원을 받을 수 있다는 점에서 소프트 파워는 더 효과적이라고 할 수 있다. 그러나 사실상 강대국이 되기 위해서는 이 두 가지를 모두 갖추어야 한다.

CHAPTER 8
권력에 대한 새로운 정의

국제사회에서의 권력은 이제 더 이상 군사력에만 의존하지 않는다. 권력의 형태는 매우 다양해졌다.

국제관계 분야의 저명한 이론가인 한스 모겐소Hans Morgenthau는 "모든 정치와 마찬가지로, 국제정치도 권력을 위한 투쟁이다."라고 말했다.

전통적인 정의에 따르면, 권력이란 한 행위자가 자신이 원하는 바를 다른 사람에게 강요하거나 혹은 자신의 이익에 따라 다른 사람들의 의지를 바꿀 수 있는 능력을 말한다. 이익이란 고전적 의미에서 힘의 균형을 뜻하는 단어로, 약자가 강자에게 굴복해야 함을 의미했다. 권력은 무엇보다 군대, 영토, 경제력, 유동자산의 크기에 따라 결정되며, 영토에 매장되어 있는 천연자원의 중요성 또한 핵심 요소가 되기도 한다. 더 큰 권력, 안전, 미래 자산을 확보할 수 있는 근간이 되는 영토의 정복은 국가의 주요 목표였다. 지리적인 형세(연안 지방, 고립적인 위치, 섬의 위치, 통로에 대한 통제)는 영토 확장에서 주요한 고려 대상이었다.

이러한 기준은 사실 양날의 검이 될 수 있다. 통제할 수 없을 정도로 거대한 영토는 잠재적인 근심거리인 동시에 국력이 급격하게 약화되는 원인이 되기도 한다. 러시아가 그 전형적인 예이다. 그러나 과거에 나폴레옹과 히틀러에 맞서 러시아를 구해낸 것은 영토의 크기였다. 국민들에게 충분히 일자리를 제공할 수 없을 정도로 인구가 증가하면, 과잉된 인구는 오히려 사회 불안정을 야기하는 요인이 될 수 있다. 마찬가지로 국민에게 충분한 교육의 기회를 제공하는 것이 강대국의 주요한 조건이지만, 학위 소지자들이 취업을 할 수 없는 상태로 노동시장으로 내몰린다면, 물리적 힘을 동원하는 저항을 포함하여 체제를 전복하려는 세력에 가담할 가능성이 있다.

스스로 보호할 수단을 갖추지 못한 국가는 외부 세력의 야욕이나 보호 세력에게 굴복하게 된다(이라크에게 손쉬운 표적이었고 미국의 보호하에 생존해야 하는 쿠웨이트의 경우를 생각해보자). 천연자원을 소유하는 것은 성공의 수단이지만, 내적 혹은 외적 야욕의 표적이 될 수도 있다. 반대로, 천연자원을 갖지 못한다는 것이 일본과 남한이 기술 경쟁에 돌입하는 데 방해요소가 되지 않았을 뿐 아니라 오히려 경쟁력을 키우는 요인이 되기도 했다.

군사적으로는 강력하나 경제력이 약한 국가는 내부 분열이라는 위협에 처한다(소련). 어떤 국가는 외부적으로 다민족 국가임을 자처하지만(미국), 이는 내부 분쟁의 요인이 되기도 한다(유고슬라비아).

영토가 아주 협소하거나 혹은 인구가 적은 국가가 주요한 전략적 역할을 할 수도 있으며(이스라엘과 쿠바), 그 크기와 비례하지 않는 영향력을 갖기도 한다(카타르의 알자지라 방송이 2022년 월드컵 축구대회에서 보여주었던 영향력을 예로 들 수 있다).

권력은 더 다양한 형태로 폭넓게 확산되며, 강요나 강제보다는 신념과 영향력에 근거하고 있다. 영토 정복의 시대는 끝났으며, 이제부터는 (외국 투자자나 관광 등과 관련된) 영토의 매력이 중요하게 부각되고 있다. 민족의 응집력과 한 사회의 내적 안정 또한 계속해서 중요성을 더하고 있다.

마키아벨리에게는 사랑받는 것보다 두려움의 대상이 되는 것이 더 중요했다. 두려움은 힘의 역학관계의 한 부분이었다.

만약 두려움의 대상이 된다는 것이 여전히 권력의 한 요소라면, 오늘날에는 이미지, 인기도, 매력이라는 요소들도 그만큼 중요해지고 있다.

■ 요약

권력은 다양한 형태를 취한다. 전통적인 기준들(군비, 경제)과 비교해서 더 주관적인 기준들(이미지, 매력)이 나타나고 있다. 권력은 국제사회의 중심에 위치하고 있다.

CHAPTER 9
국제 정의를 묻는다

기초적 단계에서 국제 정의는 제한된 방식으로 드러나는 경향이 있다.

1945년 유엔의 주요 사법기관으로 설립된 국제사법재판소ICJ, International Court of Justice는 국가가 그 권한을 인정한다는 조건에서만 국가를 재판할 권한을 가진다는 측면에서 진정한 의미의 법원은 아니다.

뉘른베르크 재판과 도쿄 재판에서는 독일과 일본의 전범에 대한 판결이 이루어졌다. 1948년 집단 학살 범죄에 대한 정의를 내리기 전에는, 전쟁 범죄나 반인류적 행위를 저지른 개인을 처벌하기 위한 재판권에 공백이 있었다. 오로지 국가만이 이를 실행할 수 있었지만, 그것도 승자의 정의만을 대변할 위험이 컸다.

과거 나치 당원이었던 아돌프 아이히만Adolf Eichmann은 1960년에

아르헨티나에서 체포되었다. 이스라엘 법정은 아이히만이 저지른 범죄의 보편적인 성격으로 판단했을 때, 재판 권한이 있다고 주장했다. 아이히만은 1962년 6월 1일에 교수형에 처해졌다.

1993년에 구 유고슬라비아에서 벌어진 사태의 책임을 묻기 위한 국제형사재판소가 설치되었다.[*] 르완다 사태에 대해서도 비슷한 재판소가 만들어졌다. 두 경우 모두 이미 일어난 사건을 처리하기 위한 것으로, 실제로 억제책의 역할을 하는 것은 아니었다. 그래서 상황에 따라 처신을 달리한다는 이중의 비난이 일었다. 시에라리온과 관계된 특별법정[**]과 레바논의 라피크 하리리Rafik Hariri 전 수상의 암살과 관련된 특별법정도 열렸다. 그리고 1998년 마침내 국제형사재판소ICC, International Criminal Court 설립을 위한 규정이 만들어졌다.[***]

상임기구로서 포괄적 성격을 가지고 있는 국제형사재판소는 처

---

[*] 1991년 이후 구 유고슬라비아(특히 보스니아 및 헤르체고비나)에서 발생한 대량 학살·감금·강간 등의 국제인도법 위반 행위를 처벌하고자 설립된 임시적 성격의 국제형사재판소

[**] 서아프리카 남쪽에 있는 국가 시에라리온 특별법정은 1991년부터 10년간 12만 명이 목숨을 잃은 시에라리온 내전 당시 반군에 대한 테러를 지원하는 등 11가지 반인륜 범죄와 전쟁 범죄를 저지른 혐의로 찰스 테일러 전 라이베리아 대통령을 기소했다. 2003년 나이지리아로 망명했던 테일러는 2006년 3월 체포되어 50년형을 선고받고 현재 복역 중이다.

[***] 국제사법재판소는 국가 간의 분쟁을 다룰 뿐 개인 범죄는 사법 처리 대상으로 삼지 않는다. 국제사법재판소의 설립 이후 뉘른베르크 및 도쿄 국제군사재판소, 유고 국제형사재판소, 르완다 국제형사재판소 등이 설치되었으나, 이들은 모두 한시적인 기구에 불과했다. 이에 따라 상설적인 국제형사재판소의 필요성이 꾸준히 제기되었으나, 냉전에 따른 양극화로 결실을 보지 못했다. 냉전이 끝나고 1990년대 들어 르완다와 보스니아에서 인종 학살 사태가 일어나면서 상설 국제형사재판소의 설립 문제가 다시 부상했고, 1998년에 국

벌과 방지, 두 가지 역할을 할 수 있었다.

안전보장이사회가 국제형사재판소에 제소하는 경우를 제외하고 국가의 거주민이 그 영토에서 저지른 범죄만 재판할 수 있다면, 국제형사재판소는 설립 이전에 발생한 범죄는 재판할 수 없고, 전쟁 범죄, 반인류적 범죄, 집단 학살 범죄와 침범죄와 같은 가장 중대한 범죄만을 다룬다. 국제형사재판소는 조약 당사국, 유엔 안전보장이사회 혹은 국제형사재판소의 검사를 통해 제소될 수 있다.

2009년 3월 국제형사재판소는 2003년부터 다르푸르에서 자행된 반인류적 범죄와 집단 학살로 수단 대통령인 오마르 알 바시르*에 대해 체포영장을 발부했다. 그러나 이 결정에 대해 아프리카와 아랍 국가들은 '이중 잣대를 적용'한다며 맹렬히 비난했다. 오마르 알 바시르 대통령은 아무런 걱정 없이 아프리카 대륙을 활보하고 다니며, 심지어는 중국, 인도네시아, 러시아와 같은 아시아 대륙도 방문하고 있다. 2017년 10월 트럼프 행정부는 수단에 대한 경제적 금수 조치를 공식적으로 해제했다. 국제형사재판소는 유엔 안전보장이사회의 제재를 받는데, 안전보장이사회 상임이사국 중 일부는 국제형사

제형사재판소 설립을 위한 로마회의가 개최되었다. 이 회의에서 집단 살해 범죄, 반인류적 범죄, 전쟁 범죄 등 국제적으로 중대 범죄를 저지른 개인을 형사 처벌하기 위한 상설 국제형사재판소 설립을 주요 내용으로 한 로마규정이 체결되었고, 이 규정에 따라 2002년 7월 1일 국제형사재판소가 정식 출범했다.

● 수단의 군인정치가로 1993년 10월부터 대통령으로 재임 중이다. 수단 다르푸르 민간인 학살을 묵인하고 지원한 혐의로 국제형사재판소에 기소되었다.

재판소의 회원국이 아니다.* 국제형사재판소는 가자 전쟁** 중에 이스라엘군이 저지른 전쟁 범죄에 대해서는 아프리카 국가에서 일어난 범죄와 같이 다루어진 적이 없다며 맹렬히 비난했다.

국제형사재판소의 설립 이후 콩고민주공화국, 우간다, 수단, 중앙아프리카공화국, 케냐, 리비아, 코트디부아르, 말리, 그루지야에서 자행된 범죄에 대한 기소가 이루어졌다. 2010년 12월에 벌어진 코트디부아르 내전에 대해서도 국제형사재판소는 기소권을 행사했다. 미국, 중국, 러시아, 인도를 비롯한 대부분의 아랍 국가와 이스라엘은 국제형사재판소의 회원국이 아니다.

국제형사재판소가 전 세계적으로 인정받기 위해서는 주요한 법률적 환경이 바뀌어야 한다. 우선 범죄를 억제하는 역할 이외에도 국제형사재판소는 기소된 인물들이 영토를 점령하는 것을 막아야 한다. 국제형사재판소는 발전하고 있지만, 많은 국가들이 그 권위를 무시하거나 비서구권 정치 지도자들만 처벌한다는 비난을 고려한다면 제한적으로 진보했다고 볼 수 있다. 국제형사재판소의 불평등한 처리를 맹비난하며 부룬디, 남아프리카공화국, 감비아의 아프리

---

* ICC는 로마규정을 비준한 123국에 대해서만 직접 사법관할권을 행사할 수 있다. 그 밖의 나라에 개입하려면 유엔 안전보장이사회의 합의를 거쳐야 한다. 그런데 안전보장이사회의 상임이사국 중 미국, 러시아, 중국은 로마규정에 비준하지 않았으며, 인도, 이스라엘, 사우디아라비아, 터키, 인도네시아 등도 국제형사재판소의 회원국이 아니다.

** 가자 전쟁은 2008년 12월 27일 이스라엘이 가자 지구를 공습하며 시작된 이스라엘과 하마스 간의 전쟁이다.

카 3개국은 2016년 10월 연달아 국제형사재판소에서 탈퇴할 것을 선언했다. 국가가 사법기관을 탈퇴한 것은 처음 있는 일이었다.

아프리카 정치 지도자들 역시 국제형사재판소 철수를 요구하는 집단 전략을 채택했다. 아디스아바바에서 열린 아프리카연합 African Union *의 정상회담이 끝난 후, 2017년 1월 31일 이 조치가 취해졌으나 구속력이 있는 것은 아니다.

요약

우선 국제 정의는 해당 국가가 수용하는 경우에만 적용된다. 냉전 이후 발생한 분쟁에 대응하기 위해 특별법원이 만들어진 후에 국제형사재판소가 설립되어 처벌과 예방의 역할을 수행하고 있다.

● 아프리카 국가의 단결과 협력 증진을 위해 조직된 국제기구로, 53개 아프리카 국가들이 2002년 7월에 결성한 범아프리카 정부 간 기구이다.

CHAPTER 10

진보하는 민주주의

현재 전 세계의 정치 체제를 볼 때, 모든 국가에서 민주주의를 채택한 것은 아니다. 그렇지만 민주주의는 차근차근 자신의 제국을 넓혀가고 있다.

모든 국가가 민주주의 체제를 가지고 있지는 않다. 또한 현재 존재하는 민주주의에는 결함이 많다. 그럼에도 불구하고 정보의 발달, 여론 의식 수준의 향상, 여론의 대중 동원력의 영향으로 일반적인 구조적 경향은 이미 민주주의로 기울고 있다.

실제적으로 전체주의 체제를 고수하는 국가는 현재 단 하나, 북한밖에 없다(에리트레아°가 포함될 수도 있다). 민주주의 체제가 아닌 국

● 아프리카 동북부에 있는 공화국

가에 대해서는 강압적인 권위주의 체제 혹은 독재 체제라고 말할 수 있겠지만, 1950~1960년대에 거론되었던 그런 의미의 전체주의 체제는 더 이상 존재하지 않는다. 중국은 여전히 인권 분야에서 개선해야 할 문제들을 안고 있지만, 개인과 집단의 자유라는 측면에서 볼 때 마오쩌둥 시대의 중국과는 비교할 수 없다.

냉전은 민주주의 체제와 전체주의 체제 간의 분쟁처럼 여겨졌다. 냉전 시기에 서구의 국가들은 공산주의와의 투쟁이라는 미명하에 군사독재 체제와 심지어는 남아프리카공화국의 인종차별정책까지 지지했지만, 민주주의와 전체주의의 대립이라는 표상은 변하지 않았다. 냉전은 끝났지만, 시장경제 체제와 서구 민주주의가 보편적인 모델로 자리 잡을 것이라고 생각했던 프랜시스 후쿠야마의 예언처럼 '역사의 종말'로 귀착되지는 않았다. 이런 낙관주의와 서구의 자만심을 보며 어떤 사람들은 서구 세계가 서구의 규범을 강요하고 전파하기 위해 자신들의 힘을 이용할 수도 있으리라는 생각을 갖게 되었다.

동서대립의 구도가 붕괴되면서, 동유럽 국가들이 민주주의 체제를 갖추게 된 건 사실이다. 1980년대에 라틴아메리카의 독재 체제는 차례로 무너졌다. 이제 권력은 투표를 통해 얻어지며, 군사력으로 정권을 잡는 시대는 끝났다. 1990년대 초반 대부분의 아프리카의 국가에서 내셔널 컨퍼런스가 설립되며, 이 대륙에서 민주주의에 대한 희망은 사라진 듯했다. 그럼에도 불구하고 아프리카 대륙에서는 민주주의를 향한 움직임이 활발하게 일어나고 있으며 심지어는 민주주의가 성공적으로 정착한 사례도 나타나고 있다. 아시아의 대만과 남한에서는 시민의 힘을 통해 군부 독재 세력에서 민주주의 세력에게로 권력이 넘어갔다.

튀니지 혁명은 권위주의 정권이 교육 받은 국민의 도전을 영원히 피할 수는 없다는 사실을 극명하게 보여주며, 모든 아랍 국가들과 다른 국가들에게 충격을 주었다.

민주주의 시스템이 일반화된 것과 관련하여 두 가지 실수가 벌어졌다. 하나는 서구의 일부 정치 지도자 혹은 지식인들이 문화적 상대주의를 거론하며 아시아와 아프리카 국가들은 민주주의 체제를 이룰 자격이 없다고 판단한 것이다. 또 다른 실수는 무력을 동원해서라도 외부에서 민주주의를 강요하려고 했던 점이다. 이 두 가지 접근은 서구 사회가 가진 우월감을 드러내는 결과를 낳았다. 민주주의에 대한 열망은 보편적인 것이지만, 민주주의가 실현되는 과정은 각 국가의 특수한 국내 정치에 따라 시기의 영향을 받는다는 사실을 생각하지 못한 결과였다.

국민들이 소극적이고 수동적이던 시기는 끝났다. 국민들이 직접 자신들의 운명을 결정하는 사례도 점점 늘어나고 있다. 그렇다고 해서 이제 역사가 후퇴하는 일은 없으며, 정보를 조작하려는 시도가 결코 일어나지 않을 거라고 보장하는 것은 아니다. 다만 전 세계적으로 자신의 손으로 운명을 결정하려는 국민들의 움직임을 거스를 수 없다는 것만은 확실하다.

지구의 다섯 대륙, 모든 지역에서 각 국가의 고유한 역사와 특징에 따라 시민들은 자신들의 목소리에 귀 기울일 것을 요구하며 모든 결정에 자신들 의견의 무게를 더하고 있다.

■■■ **요약**

경제가 발전하고, 교육이 보편화되고, 정보에 대한 접근이 용이해지면서, 민주주의는 전 세계에서 진보하고 있다. 여전히 권위적인 체제는 존재하지만, 전체주의 체제는 이제 더 이상 (혹은 거의) 찾아볼 수 없게 되었다.

5부

21세기를 읽는 10가지 질문

CHAPTER 1
국경은
사라질 것인가?

세계화는 유동성, 네트워크, 교류가 확대되며 영토와 영토의 범위를 설정하는 경계선이 사라지는 것을 의미하는 것처럼 알려졌다.

세계가 글로벌화된다는 것은 세계가 영토라는 속성에서 벗어나는 것을 의미한다. 국경은 금융거래와 상품, 사람, 생각의 자유로운 이동을 제한하거나 막을 수 없게 되었다. 정보와 커뮤니케이션 분야의 신기술이 국경의 의미를 어느 정도 약화시켰지만, 국경을 무너뜨리려고 더 많이 시도한다 해도 국경은 결코 없어지지 않을 것이다.

심지어 오늘날 국경선은 더 길어지고 있다고 말할 수 있다. 20년 전부터 지구상에 존재하는 국가의 수가 증가하면서 국경선의 길이도 늘어나고 있다. 국경선이 폐지되기는커녕 더 강화되고 있는 것이다. 기술적으로는 필리어스 포그Phileas Fogg●가 80일 안에 세계를 여행하기 더 쉬워졌다고 말할 수 있다. 그래서 1873년에 쥘 베른이 출간한 저서의 주인공이 처한 상황과는 다르게, 지금이라면 80일 안에 세계일주를 마치는 데에 그런 엄청난 금액을 걸 사람은 아무도 없다. 그런 내기가 가능했던 것은 당시에는 그렇게 짧은 기간 안에 지구를 한 바퀴 도는 것이 불가능하다고 생각했기 때문이다. 그러나 놀랍게도, 필리어스 포그는 80일 만에 무사히 돌아왔다. 사실 세계일주를 하는 건 지금이 그 당시보다 훨씬 위험하다. 더구나 단순히 방문 카드만으로 전 세계를 여행할 수도 없다. 오늘날 대부분의 국가를 여행하기 위해서는 여권과 비자가 필요하다. 국경선이나 경계선의 소멸이 모두에게 같은 의미는 아닐 것이다. 예를 들어 서유럽 사람이 며칠간의 휴가를 위해 아프리카의 어느 나라로 떠나는 건 어렵지 않을 뿐 아니라 비용도 적게 들겠지만, 그 반대의 경우는 전혀 그렇지 않다.

대부분의 경우 아프리카 사람들이 유럽 대륙으로 가기 위해서는 길고 위험하고 높은 비용을 지불해야 하는 밀수 경로를 거쳐야 한다. 반드시 유럽 대륙으로 갈 수 있다는 보장도 없고, 목숨이 위험해질 수도 있다. 세계화로 이동이 용이해지면서 오히려 새로운 장

● 쥘 베른의 《80일간의 세계일주》의 주인공

벽이 생겨나기도 했다. 자신들이 점령한 영토의 안전을 위해 그리고 이민자의 유입을 막기 위해, 이스라엘은 팔레스타인 지역에, 미국은 멕시코와의 국경에, 모로코는 사하라 서쪽에 장벽을 설치했다. 유럽은 모로코에 위치한 세우타, 멜리야 내부의 스페인 영토와 발칸반도에 경계선을 만들었다. 뿐만 아니라 사우디아라비아는 이라크와의 국경 지대에, 튀니지는 리비아와의 국경 지대에 장벽을 세웠다.

이스라엘과 팔레스타인 사이에 갈등이 지속되는 건 영토와 국경 문제 이외에 더 근본적인 원인이 있다. 흔히 표면적으로 드러나는 이유나 뉴스에 소개되는 명목상의 이유와는 달리, 양국 간의 갈등은 종교적인 갈등이 아니다(양측의 지도자들은 상대방을 개종시키는 것을 목표로 하지 않는다). 과거 팔레스타인인들이 점유했던 이곳에서 어떤 지역을 공유하고 어떤 지역을 나누어 소유할 것인지를 결정하는 것이 문제의 핵심이다. 남한과 북한을 나누어 놓은 북위 38도선은 여전히 위험한 고착지대로 남아 있다. 북경과 대만을 갈라놓는 것은 더 이상 이데올로기가 아니다. 전 세계 곳곳에서 등장하는 분리주의자들의 다양한 요구를 보면, 많은 수의 정치 행위자들이 특정 영토를 직접 통치하기를 원할 뿐 아니라 자신들의 정치적 통치를 사실로 혹은 권리로 인정받으려 한다는 걸 알 수 있다.

국경의 문제는 지정학 문제에서 가장 예민하게 대두되는데, 국가가 국제관계에서 중심 역할을 한다는 단순하고 그럴듯한 이유

때문이다. 더구나 글로벌화가 지리적 거리를 단축시켰다고 해서 경쟁이 사라진 것은 아니며, 영토의 문제는 (그리고 영토의 한계선들은) 여전히 남아 있다.

요약

세계화로 거리가 단축되며 시간과 공간의 개념에 변화가 일어났지만, 영토와 국경선 그리고 그 영토를 통치하려는 경쟁과 갈등의 개념이 불필요하게 된 것은 아니다. 국경은 여전히 지정학과 국제관계 그리고 국가를 어떻게 규정할 것인가라는 질문의 중심에 있다.

CHAPTER 2

보편적인 세계화는
가능한가?

세계화는 현재의 상황을 규정하는 데 가장 빈번하게 사용되는 용어이다. 그렇지만 역사를 살펴보면 세계화가 완전히 새로운 현상은 아니다.

세계화의 첫 물결은 1492년부터 시작된 지리상의 대발견과 세계 일주 항해로 시작되었다. 서로 떨어져 있던 지구상의 각 대륙이 연결되었지만, 아메리카 대륙의 인디언들에게 그것은 가장 큰 재앙이었을 것이다. 두 번째 물결은 19세기에 산업혁명을 통해 다가왔다. 기술 분야에서 일어난 일련의 발견으로 인해 시간 그리고 공간과의 관계가 변화했다. 전신, 전화, 증기기관 등을 예로 들 수 있는데, 증기기관은 기존 영토 질서의 판도를 뒤바꾼 철도의 탄생을 가져왔다. 해상 운송 (그리고 전쟁) 분야에서도 증기기관의 도입으로 혁신이 일어났다. 공간과의 관계 변화에는 자동차의 역할도 컸다. 얼마 후에는 비행기가 시간과 공간의 개념을 바꾸면서, 인류와 공간의 관계에 단절을 가져왔다.

세 번째 물결의 특징은 교류, 투자 그리고 자본의 이동이 자유로워졌다는 것이다. 새로운 커뮤니케이션 방법이 나타나고 그 비용도 낮아지면서, 시간과 공간이 말할 수 없을 만큼 압축된 것이 큰 역할을 했다.

세계화는 소련과 그를 중심으로 하던 제국이 무너지면서 유럽을 분열시켰던 철의 장막이 사라지고, 정보와 커뮤니케이션 분야에서 신기술이 발전되는 과정과 동시에 진행되었다. 지정학적 변혁과 기술 혁명이 결합하면서, 세계지도와 영토를 둘러싼 권력과 경쟁 관계에 일대 변혁이 일어났다. 정치적, 기술적 장벽은 과거에는 결코 넘어설 수 없는 것이었다. 하지만 그 모든 것이 동시에 무너지고 말았다.

세계는 하나의 도시였다는 마샬 맥루한Marshall McLuhan의 경구는 현실이 되었다. 세계 각국의 사람들이 마치 한 도시 안에 사는 것처럼 어디에서 어떤 일이 발생하는지 전부 다 알 수 있게 되었다. 이제 세계 문화의 표준이 만들어지는 과정이 눈앞에 펼쳐지고 있다.

미국의 논설위원 토머스 프리드먼Thomas Friedman은 세계적 베스트셀러가 된 자신의 저서에서 "지구는 평평하다."라는 결론을 내렸다. 디지털 혁명은 상업적, 정치적 경계선을 무너뜨렸다. 이제 더 이상 국가나 다국적 기업만이 서로 관계를 맺고 경쟁하는 것이 아니라, 각각의 개인들이 인터넷을 통해서 네트워크를 구축하고 있다.

따라서 사람들은 상업적 교류의 단절을 의미하는 전쟁을 참을 수 없게 되었다.

그렇지만 지구의 많은 지역에서는 아직도 인터넷 접속이 불가능하다는 것을 잊어서는 안 된다. 디지털의 단절은 북반구와 남반구의 단절로 바꿔 말할 수 있으며, 이런 현상은 개발국과 미개발국 간뿐 아니라 각 나라 안에서도 발생하고 있다.

더구나 세계화는 모든 사람이 수용하고 준수하게 될 공동의 규칙을 만들어내지 못했다. 지구는 좁아졌지만, 경쟁과 갈등은 여전하다.

사람들이 계속 떠올리는 '국제사회'라는 단어는 현실적으로 여전히 많은 부분이 입증되어야 한다.

요약

세계화의 새로운 물결은 시간과 공간, 거리의 개념에 혁신을 가져왔지만, 지구상의 모든 지역에 똑같은 혜택을 주지는 않았다. 영토는 다양해졌고, 모든 이들에게 완벽하게 보편적으로 적용될 수 있는 전 지구적인 기준은 없다.

CHAPTER 3

군사력은 더 이상 필요없게 되었는가?

냉전의 종식으로 군사력이 더 이상 쓸모없게 된 것은 아니지만 세계화 시대에 들어서며 한계에 직면하게 되었다.

군사력은 오랫동안 지정학적 권력관계를 결정하는 가장 중요한 요소였다. 군사력이야말로 한 정치적 주체의 영토에 대한 욕망을 만족시키고, 경쟁 상대의 야욕을 꺾을 수 있는 힘이었다. 군사력 덕분에 거대 제국이 건설될 수 있었고, 상대 세력의 일격에 그 제국이 와해되기도 했다. 국제법이 존재하지 않았거나 거의 효력을 발휘하지 못하던 시기에 생존을 위한 우선 조건은 군사력이었다.

20세기 중반까지 전쟁은 국가와 국가 사이의 정상적인 행동양식으로 여겨졌다. 전쟁은 불법도, 비합법적인 것도 아니었으며, 국제관계에서 인정되는 방법 중 하나였다. 제1차 세계대전 이후 국제연맹 혹은 평화-중재-군비축소라는 3각 구도를 통해 전쟁을 막을 수 있으리라는 희망이 싹트기도 했지만, 그것도 국가 간의 대립과 제2차 세계대전을 막지 못했다. 전 세계를 자신들의 지배하에 놓으려는 동서 간의 갈등은 당연히 모스크바와 워싱턴 간의 군비 경쟁을 가져왔다. 연합국까지 포함해서 다른 모든 국가보다 우세한 군사력을 보유하고 있던 소련과 미국은 각각의 진영에서 리더십을 보장받을 수 있었고, '초강대국'으로 대접받았다.

냉전이 끝난 이후에도 군사적 요소가 과연 힘의 기준인지에 대한 문제가 다시 제기되었다. 왜냐하면 소련이 내부적으로 분열하게 된 원인을 경제와 사회 발전을 게을리한 채 국가 안전에 과도하게 신경을 쓴 탓으로 돌렸기 때문이다. 서구 사회는 소련이라는 위협이 사라지고 군사적 위협에서 벗어났다고 여겼다. 군사력은 쓸모없으며 (더 이상 적이 존재하지 않으므로) 위험한 (군사 방위) 분야에 자원을 우선적으로 배분하는 것은 사회의 경제를 약화시킬 뿐이었다. 하지만 '역사의 종말' 혹은 '새로운 세계 질서'라는 환상이 사라지면서 전쟁, 다시 말해 군사력이 더 이상 존재할 필요가 없는 세상에 대한 희망도 끝났다. 냉전이 끝났다고 대립 구도가 해결된 것은 아니었다. 단지 그 방향이 바뀌었을 뿐이다. 워싱턴과 모스크바로 각각 대표되는 서로 다른 두 축은 더 이상 대립하지 않게 되었지만 내전과 국제적 갈등의 양상은 더 복잡해졌다.

1990년대 초반에 어떤 사람들은 희망을 품고, 또 다른 사람들은 두려움 때문에 '평화의 분배'와 군비 축소에 대해 언급했지만, 그 것은 실현되지 않았다. 오히려 반대로 세계적으로 군사 비용은 지속적으로 증가하여 현재 대략 1조 6천만 달러에 이르고, 그중 50 퍼센트를 미국 혼자 소비하고 있다. 단 하나의 국가가 전 세계 군사 비용의 절반을 사용한다는 건 인류 역사상 유래가 없는 예외적인 상황이다.

역사적으로 봤을 때 군사력이 현재와 같은 의미를 지닌 적은 없었다. 군사력은 더 이상 절대적인 안전을 보장해주지 않는다. 2001년 9월 11일에 발생한 테러는 미국인들에게 큰 충격을 주었으며, 그 피해액은 10만 달러에서 50만 달러로 추정된다. 하지만 그 당시 미국의 국방비는 2,800억 달러였다.

그 후 국방비를 3배 이상 늘렸지만, 미국인들은 여전히 완벽하게 안전하다고 느끼지 못한다. 국가 간에 발생할 수 있는 위험에 대해서는 더 이상 걱정하지 않지만, 국내에서 일어나는 비대칭전의 성격을 띤 위협에 대해서는 여전히 취약하다.

미국의 강력한 군사력은 미국 이외의 지역에 더 이상 유용하지도 효율적이지도 않다. 2003년 이라크 전쟁은 단 며칠 만에 미국의 승리로 끝났지만, 이라크에서 미국 군대는 수렁에 빠져들었다. 2001년 10월 서구의 군인들은 탈레반 정권을 쉽사리 무너뜨렸지만, 지금은 그들이 다시 권력을 잡는 것을 얼마나 저지할 수 있을지 우려하며 아프가니스탄에서 탈출을 시도하고 있다.

이스라엘군은 2006년 7월에는 레바논의 헤즈볼라와, 2008년 12월, 2009년 1월, 2012년 11월과 2014년 여름에는 가자지구의 하마스와 엄청난 군사적 격차를 벌렸지만, 그럼에도 불구하고 국가 이외의 지역에서 적군에게 결정적인 피해를 입히지는 못했다.

군사력은 자신이 전능하다는 환상을 심어주며 스스로의 한계를 인식하지 못하게 한다. 스페인에서 함정에 빠지고 군대를 지나치게 먼 러시아까지 전진시킨 나폴레옹은 그 결과를 너무 잘 보여준다. 히틀러도 또한 동쪽과 서쪽, 2개의 전선에서 전쟁을 수행할 수 있다고 착각했다.

군사력은 정치적 목적에 봉사하는 수단이며, 다른 목적으로 이용될 경우 그 한계가 빠르게 드러난다.

하지만 군사 기준은 권력에서 대체 가능한 요소일 뿐이다. 어떤 국가가 자신의 안전을 다른 국가에 의존하거나 군사적으로 위협을 받고 있다고 느끼면 정치적 운신의 폭이 좁아진다. 사우디아라비아 (그리고 걸프만의 국가들) 혹은 일본이 자신들의 안전을 미국에 의존하고 있다는 사실만으로 미국은 실제 정치적으로 우위에 선 셈이다.

더 이상 군사력만으로 다른 나라의 영토를 통치할 수는 없다. 일시적으로 저항감을 억누를 수는 있겠지만, 장기적으로 외국 군대에 대한 반감을 극복할 수는 없다. 처음에는 해방군으로 여겨진다 해도 곧 점령군처럼 생각되기 마련이다.

■ 요약

냉전의 터널을 빠져나오면서, 몇몇 사람들은 이제 군사력은 그 효력을 상실했다고 믿었다. 그러나 소련이 해체된 후에도 경쟁과 갈등은 끝나지 않았으며, 곧 군사력이 주권을 위한 필수불가결한 요소라고 인식하게 되었다. 그러나 어떤 영토나 국민을 군사력으로 점령하는 건 저항의 목표가 되므로 유지하는 데 비용이 많이 필요할 뿐 아니라 큰 어려움을 수반해야 한다.

CHAPTER 4

신정보통신기술,
새로운 전체주의의 등장인가?

신정보통신기술NICT, New Information Communication Technology은 시
민과 권력 간의 관계에 일대 변혁을 일으켰다.

이 새로운 기술은 여러 가지 결과를 가져왔다. 이 기술을 통해 지
식에 대한 접근과 훨씬 더 광범위한 정보의 보급이 가능해졌다. 기
술을 통해 접근할 수 있는 지식과 정보는 이제 더 이상 지식인의 소
유물이 아니며, 더 많은 시민들과 공유할 수 있는 것이 되었다. 위
키리크스WikiLeaks●는 정치와 외교 분야의 일부 책임자들로 공개 범
위가 제한되었던 외교상의 정보를 전 세계에 알리고 있다. 일부 사
람들은 비밀외교는 국민의 이익에 반한다고 비난하며, 위키리크스

● 정부나 기업 등의 비윤리적 행위와 관련된 비밀문서를 공개하는 웹사이트

와 같은 사이트가 등장한 현상을 비밀외교에 대한 시민들의 승리로 여기며 환영한다. 그러나 다른 한편에서는 외교 분야에 타격을 준다는 이유에서 이런 현상에 저항하고 있다. 협상 내용이 일반 대중들에게 공개될 경우 협상에 실패할 가능성이 높기 때문이다. 그러나 여론은 항상 급격히 변하기 마련이고, 외교의 시간은 미디어의 시간과 같은 리듬으로 움직이지 않는다. 모든 것이 투명하게 공개되는 사회는 전체주의 성격을 갖게 된다며 더 강한 어조로 비난하기도 한다. 만약 더 이상의 기밀이 없다면, 개인은 위험에 처하지 않게 될 수 있을까?

현재의 기술에 전체주의적 권력이 잠재되어 있을 가능성이 높으며, 조지 오웰George Orwell이 자신의 소설 《1984》에서 상상했던 것보다 더 효과적인 방법으로 국민을 감시할 수 있는 방법을 제공한다. 위키리크스를 옹호하는 사람들은 자신들의 목표는 정부가 시민을 통제하는 것이 아니라 시민들에게 모든 것을 공개하는 것이라고 말하지만, 현실에서는 정반대의 현상이 벌어지고 있다.

인터넷과 휴대전화는 누구나 자유롭게 이동하며 통신기술을 이용할 수 있게 했지만, 동시에 사용자의 이동 경로를 추적하고 그의 성향을 파악할 수 있게 되었다. 의견의 수렴과 조정은 20세기 초와 같이 대규모로 이루어지지 않고 개개인의 소비자들을 지속적으로 관찰함으로써 진행된다.

그럼에도 불구하고 국가는 사회적 문제 혹은 보안 정책과 관련된 키워드를 관리함으로써 특정 메시지가 전달되는 것을 차단할 수 있다. 미얀마를 비롯해 중국, 에티오피아, 이란, 오만, 시리아, 태국, 튀니지, 아랍에미리트, 우즈베키스탄, 베트남, 파키스탄, 사우디아라비아, 수단과 예멘의 15개국에서는 이런 정책을 펴고 있다. 인터넷을 통해 국경을 뛰어넘어 정보가 확산되는 데에는 영토에 따라 잠재적인 제한이 있을 수 있다. 그러나 자국민이 신정보통신기술에 접근하는 것을 제한하는 국가는 현대화와 기술 발전의 제약을 감수해야 한다. 또한 이와 같은 장벽을 허물어버릴 수 있는 도구도 존재한다는 사실을 알아야 한다.

인터넷 덕분에 우리는 대단한 수단을 소유하지 않아도 유동성을 확보할 수 있게 되었다. 휴대폰으로 시위의 진압 장면을 촬영할 수 있고, 진압 초기에 외국 언론인이 현장에 없었더라도 그 사실을 외부에 알릴 수 있게 되었다.

신정보통신기술은 각 개인의 책임감을 기반으로 하며 결정의 주체를 분산시킨다. 이 기술은 시민의 자율권과 행동의 자유를 신뢰하지 못하는 정치 시스템과 양립할 수 없다.

소련은 경제 분야에서 현대화를 이루지 못하고 해체되었는데, 1950년대에 산업혁명에 성공했던 것과는 달리 기술혁명을 감당할 능력이 없었던 것이 몰락의 주요 원인으로 작용했다.

1987년 소련의 개인용 컴퓨터는 10만 대에 불과했지만, 같은 시기에 미국은 연간 500만 대의 컴퓨터를 생산하고 있었다.

2011년 1월에 발생했던 튀니지의 재스민 혁명은 정치적인 움직임에 인터넷과 사회 네트워크가 얼마나 큰 영향을 미칠 수 있는지를 보여주었다. 언론이 심각하게 검열당하고 정치적 논쟁이 금지된 국가에서 인터넷은 국민들이 정보를 얻고, 의견을 교환하며, 행동을 위해 모일 수 있는 통로가 된다. 전체 인구가 1,100만 명인 국가에서 400만 명이 인터넷에 접속하고 있다면, 국민들에게 외부에서 유입되는 정보를 차단하는 것은 이미 불가능하다.

　　마찬가지 경우로, 중국에서 인터넷 접속 인구가 7억 명에 이르렀을 때, 시민과 권력 간의 힘의 관계가 변했다. 일반적으로 기존의 권력과 제도는 신정보통신기술이 제공하는 자유와 유연성, 그리고 평범한 시민들 사이에 폭넓게 퍼져 있는 갈망을 전혀 신뢰하지 않는다. 그러나 사실상 정부와 제도는 신정보통신기술에 도움을 요청하는 데에 익숙해져야 하는 상황에 놓여 있다.

　　2013년 미국의 정보기관에서 정보원으로 근무했던 에드워드 스노든Edward Snowden은 미국 정부가 전 세계 수백만 시민들의 개인 메일을 염탐하고, 앙겔라 메르켈과 같은 정치 지도자들의 휴대폰을 도청하고 있다는 사실을 알아냈다.

　　신정보통신기술이 개발되면서 이런 기술이 남용될 잠재성과 함께, 비밀이 사라지고 사생활도 보장되지 않는 시스템이 촉발할 위험성에 대한 논쟁의 물꼬가 터진다면, 투명성이 보장되고 정보가 대규모로 순환되며 지식이 더 폭넓게 전파되는 구조적인 경향이 강해질 것이다.

신정보통신기술은 간접적인 문제도 야기한다. 대기업의 경제력과 정치력이 그 사례에 속한다. GAFA(구글 Google, 애플 Apple, 페이스북 Facebook, 아마존 Amazon)는 자신들이 보유한 데이터와 재정적 수단을 통해 현실적인 영향력을 행사하며 이익을 누릴 수 있게 되었다.

요약

신정보통신기술은 한편으로 국민을 제어하고 통제하는 장치로써, 다른 한편으로는 정보와 통신의 자유를 위한 탁월한 수단으로 출현했다. 신정보통신기술의 역할은 앞으로도 지속적으로 증가할 것이며, 이미 시민과 권력 간의 관계에 변화를 가져오고 있다. 보다 더 투명한 사회와 더 많은 시민 권력을 향한 구조적인 움직임은 이제 불가피해 보인다.

CHAPTER 5
내정간섭은
사라질 것인가?

내정간섭은 20세기 말에 가장 뜨거운 지정학적 논쟁거리 중 하나이자 서로 상반되는 분석의 대상이었다.

내정간섭은 뜨거운 지정학적 주제로, 정부가 그 나라의 영토와 국민에 대해 절대적 통치권을 갖는다는 원칙에 의문을 제기한다는 측면에서 주권이나 통치권과 대립된다.

내정간섭을 하는 입장에서 그것은 법망을 피해 처벌을 받지 않으려는 독재자들을 저지하고, 한 국가의 국내 상황과 관련하여 발생할 수 있는 인권 문제를 감시할 수 있는 방법이다. 그러나 이에 반대하는 사람들에게 내정간섭은 인간 중심의 원칙이라는 미명하에 남반구의 국가들이 어렵게 쟁취해낸 독립을 제한하려는 서구 국가의 신제국주의적 야욕을 은폐하는 수단일 뿐이다.

주권과 내정간섭의 원칙은 모두 제2차 세계대전의 산물이라고 할 수 있다. 주권은 강대국의 야욕에 반하여 약소국을 보호하고, 강대국이 약소국에게 자신이 원하는 것을 강요하지 못하도록 하기 위한 원칙이다. 내정간섭은 (매우 강한) 범죄적 성향의 정권이 자신은 어떤 처벌도 받지 않고 국민들을 강압적으로 통제하거나, 혹은 인류에 반하는 범죄나 대학살과 같은 전쟁을 일으키도록 사람들을 부추기지 못하도록 막는 역할을 한다.

내정간섭은 세계화의 부수적 효과라고도 볼 수 있다. 세계화로 국제사회에서 비정부기구의 역할과 중요성이 커지고, 국가 간의 상호작용이 활발해졌다. 뿐만 아니라 거리의 단축으로 미디어, 여론, 정보의 수집을 위한 최상의 조건이 형성되면서 외부로부터의 개입 가능성도 높아졌다. 내정간섭은 바로 이런 현상과 긴밀하게 결합되어 있다.

극단적으로 말하자면, 내정간섭은 국경을 초월하여 타인의 불행을 자발적으로 걱정하고, 자연적으로 또는 정치적으로 위기에 처한 국가에 대하여 무관심하거나 혹은 견유주의犬儒主義적 태도를 취하는 것을 거부하는 관대함의 증거처럼 여겨졌다.

그러나 어떤 사람들에게 내정간섭은 19세기에 동일 신앙을 가진 사람들과 민족을 보호한다는 명목으로 외국에 일방적으로 군사 작전을 감행하며 유럽 국가들이 내세웠던 인도적 개입의 다른 표현일 뿐이다.

사실 내정간섭은 여러 가지로 애매모호한 측면을 갖고 있다. 우선, 강대국만이 자신보다 약한 국가를 대상으로 내정간섭을 할 수 있다. 그래서 내정간섭은 오랫동안 북반구와 남반구 간의 불평등한 관계를 함축하고 있었다. 내정간섭이 정당하거나 혹은 정당하지 않다는 것은 누가 결정하는가? 이것은 누가 집행해야 하는 부분인가? 남반구의 국가들은 북반구의 국가들을 상대로 내정간섭을 할 수 없었다. 더구나 내정간섭은 상황에 따라 달라질 가능성이 높다. 인권 유린이 일어나는 나라에 대해서는 내정에 개입할 수 있다. 그러나 인권을 유린한 국가가 서구 사회의 경쟁국이거나 적대국일 때 훨씬 엄격한 잣대를 들어 판단하게 될 가능성도 무시할 수 없다. 반면 그들과 친밀하거나 가까운 국가의 인권 유린에 대해 서구 사회는 기꺼이 눈감아준다. 이런 사실은 북반구 국가의 여론은 내정간섭을 매우 긍정적으로 여기는 반면, 민주주의 국가이든 그렇지 않든 남반구 국가에서는 이에 대해 매우 부정적 의견을 가지고 있는 것으로 설명된다. 이제 막 독립을 쟁취한 남반구 국가에서 내정간섭에 반대하는 건, 앞에서 서둘러 결론을 내렸듯이 민주주의의 확산에 반대하는 독재자만의 행위는 아니다. 이제 막 주권을 획득하고 그 주권을 보호해야 한다고 생각하는 국가도 내정간섭의 권리에 반대한다. 예를 들어 인도, 남아프리카공화국, 브라질 등 남반구의 주요 민주주의 국가들도 러시아나 중국만큼이나 내정개입에 반대 입장을 취한다.

내정간섭의 권리는 세 가지 현상을 고려할 때 앞으로는 더욱 인정받기 어려울 것으로 생각된다. 우선, 내정간섭의 남용은 그것이 가져올 이익을 의심하게 만든다. 이라크 전쟁이 시작된 것도, 서구 사회의 여론에서 가장 호의적이었던 부분까지 퇴색시키며 이 전쟁이 야기한 재앙(그리고 전쟁에 수반된 거짓말들)도 모두 내정간섭의 또 다른 이름이었다.

두 번째는 다른 국가들이 국제사회의 전면에 나서면서 서구 사회가 그 독점권을 상실한 점이다. 이것으로 서구 세계는 예전처럼 국제사회 전체를 마음대로 뒤흔들 수 없게 되었다. 그리고 마지막은 국제 정의에 대한 확신과 관련 있는데, 국제 정의는 훨씬 보편적인 방법으로 독재자가 처벌받지 않는 것을 문제 삼고 있으며, 내정간섭보다는 덜 편향되어 있다.

■■■ 요약

북반구의 국가들은 타인의 불행에 무관심하지 않기 위한 내정간섭을 마치 도덕적인 의무처럼 생각했다. 그러나 남반구의 국가들은 내정간섭을 신제국주의적 통치를 시도하는 것으로 보았다. 단지 강대국만이 의무적으로 실행할 수 있었던 내정간섭은 이제 의심의 눈초리를 피할 수 없게 되었고, 국제 정의와 같은 더 보편적인 규범 앞에서 사라지게 될 것이다.

CHAPTER 6

국가의 가치는
무엇인가?

국가는 국제 무대에서 행위자로서 독점권을 잃었다. 물론 국가는 여전히 주요 행위자이기는 하다.

전형적인 지정학적 분석은 국가를 중심으로 이루어지고 있다. 지정학은 영토를 통제하는 문제에서 경쟁 관계를 분석해왔는데, 지정학이 국가만을 다룬 것은 아니지만 오랜 시간 지정학의 주요 주제는 국가였다. 영토를 지배하고 통제하는 주체가 바로 국가였기 때문이다. 국가의 통치권을 벗어난 지역은 무주지terrae nullius*라고 불렀다. 정통 지정학에서 국가는 국제 무대에서 유일한 행위자로 인식되었다. 전쟁은 새로운 영토를 점령하기 위한 것이었다. 그래서

---

* 국제법상 어느 국가의 영토로도 지정되어 있지 않은 지역

전쟁에서 승리하느냐, 패배하느냐에 따라 국경이 달라졌다.

레이몽 아롱은 1962년에 출간된 국제관계 개론서《국가 간의 평화와 전쟁Paix et guerre entre les nations》에서 국제관계를 이렇게 규정했다. "정의를 내리자면, 국제관계는 국가 간의 관계이다. '국제관계'라는 표현에서, 지역적으로 조직된 정치 집단이라면 무엇이든 관계없이 국가에 해당하는데, 일단 잠정적으로 국제관계는 정치적 단위 간의 관계라고 할 수 있다. 국가 간의 관계는 본질적으로 전쟁과 평화 중 양자택일을 할 것을 요구하고 있다."

이것이 30년 전쟁에 종지부를 찍고, 국제기구의 최우선 원칙으로서 국가의 주권을 인정한 1648년 베스트팔렌 조약에 근거한 베스트팔렌 체제의 논거이다.

빈 라덴, 빌 게이츠, 줄리언 어산지, 최고기술경영자CIO, 국제앰네스티, 국경 없는 의사회, 보잉, 할리우드 등은 반드시 국가의 형태가 아니어도 국제 무대에서 의미 있는 행동을 할 수 있음을 보여주는 적절한 예이다.

전 세계가 달라이 라마를 중요한 인물로 생각한다면, 그건 티베트에서 망명한 정치 지도자로서보다는 영적 지도자로서 더 중요하기 때문이다.

세계화, 유동성과 네트워크의 발전, 국경의 소멸은 국가가 누렸던 절대 권력에 의문을 제기하게 만든다.

국제 무대에서 독점적 지위를 누릴 수는 없더라도 국가가 여전히 주요 행위자임은 분명하다. 다른 행위자들도 국가가 향하는 방향을 따르고 있다. 비정부기구는 여론을 움직이고, 전문지식을 전파하고, 영향력을 행사할 만큼 강력한 힘을 가지고 있지만, 오로지 국가만이 지구 온난화를 막기 위한 협정이나 특정 무기를 금하는 조약에 서명할 수 있다. 몇몇 다국적 기업의 매출액이 어떤 국가의 국민총생산보다 높다고 하더라도 일부 사람들이 희화화한 것과는 달리 다국적기업들은 국가에게 어떤 행동을 하라고 지시를 내릴 수 없다. 외적으로 표현된 것 이상으로 빈 라덴의 주요 목표와 주된 관심사는 당연하게도 사우디아라비아였다. '이라크와 중앙아시아의 이슬람국가Islamic State(IS 혹은 아랍어 약어로 다에시Daech)'* 라는 명칭은 의미심장한데, 국가의 개념은 테러 집단을 언급할 때조차 여전히 권위를 갖고 있으며, 국가의 본질이 국가의 행위를 제한할 때도 마찬가지이다. 위키리크스가 지금의 영향력을 갖게 된 건 국가의 기밀로만 여겨지던 사실에 일반 대중이 접근할 수 있도록 했기 때문이다.

여타의 다른 실례들과 함께 국부펀드**의 구성은 국가가 시장에 주도권을 완전히 빼앗긴 것이 아님을 보여준다. 2008년 금융위기 이후로 금융 규제가 엄격하게 시행되지 않았다면, 그건 국가가 자

● 이슬람국가(Islamic State)라는 표현은 국가(State)라는 단어를 포함하고 있다.

●● 정부가 외환보유고와 같은 자산을 가지고 주식, 채권 등에 출자하는 투자 펀드

발적으로 그렇게 하지 않기로 결정했기 때문이다.

■■■■ 요약

오랜 시간 동안 국가는 국제 무대에서 유일한 행위자로 권력을 독점해왔다. (국제기구, 비정부기구, 다국적기업, 테러 집단 등) 다른 행위자들이 이제 막 국제 무대에서 국가와 경쟁하기 시작했으나, 국가는 여전히 중심 역할을 하고 있다.

CHAPTER 7

전쟁의 민영화는
어떤 결과를 가져올 것인가?

예전에는 전쟁에 용병들을 동원하곤 했는데, 이제는 국가의 공식 하청업체로서 민간 군사업체가 그 자리를 대신하고 있다.

군주국은 동맹국인 외국 부대를 정기적으로 채용했다. 백년전쟁 동안에 대규모 부대는 자신들의 이익을 위해 행동하며, 국민들을 보호하지 않고 오히려 국민들의 보호를 받는 등 국민들에게 부담이 되었다.

프랑스 혁명으로 '위험에 빠진 조국'을 구하기 위해 행동하고, 민족을 보호하기 위해 싸우며, 목숨을 내놓을 수 있다는 생각이 강요되었는데, 발미 전투* 가 상징적인 예이다. 국민들에게까지 이런

---

* 1792년 9월 20일 프랑스 북동부의 작은 시골 마을 발미에서 프랑스 혁명군을 진압하기 위해

생각이 주입되면서 군대가 조직되었는데, 이는 인명에서 훨씬 값비싼 대가를 치르는 것이었다. 이런 흐름은 제1차 세계대전에서 절정을 이루었다. 병사들의 인력이 풍부해지고 전쟁에서 산업화가 진행되면서 추정되는 사망자 수도 증가했다. 조국을 위해 전쟁에 참여하는 것은 다른 형식으로 인원을 동원할 수 있음을 은폐하고 평가절하했다. 1960년대 한창이었던 독립전쟁 이후로 외국인 용병 혹은 '잃어버린 군인들'이 나타났다. 외국인 용병에 대해서 제네바 조약은 다음과 같이 규정했다. "분쟁 국가의 국민이 아니면서, 개인적 이익을 얻기 위해 해당 국가 군대의 전투병들에게 지급되는 것보다 더 높은 보수를 받으며, 적대 행위에 직접적으로 참여하고 무장한 전투에서 싸우기 위해 한 국가나 외국에서 특별히 모집한 사람." 현재 용병이라고 할 때 떠오르는 이미지는 사람들의 결정권을 훼손하고 왜곡하려 하거나 불법적인 범죄 행위를 저지르는 이들이다.

1990년대부터 용병의 새로운 형태 혹은 심지어 '기업적 용병'이라고 불리는 임시 보충부대와 같은 민영 군사업체들이 생겨나기 시작했다. 국가와 유기적으로 연결되어 있다는 점에서 이들은 1960년대의 용병과 차이가 없었다. 다른 점이 있다면 이들의 존재

진공하던 오스트리아 - 프러시아 연합군에 대항해 농민들로 이루어진 프랑스 혁명군이 승리를 거둔 전투. 프랑스 혁명군이 거둔 첫 번째 승리로, 프랑스 전역에 엄청난 파급효과를 가져왔다. 프랑스 혁명이 단순 민중 봉기에서 새로운 정부 수립으로 나아갈 수 있었던 것은 이 전투의 승리 덕분이었다는 점에서 유럽의 운명을 뒤바꾼 전투로 여겨진다.

가 (더 이상 불법이 아니라) 공적인 성격을 띠며 활동의 폭이 더 넓다는 데 있다. 이들은 서구 사회, 주로 미국의 국방부와 직접 거래하고, 과거에는 군대에 할당되었던 임무를 자신들의 비용으로 수행해내는 공식적인 회사들이다. 이 민영 군사업체는 전쟁의 민영화에 일조하는데, 이는 공공 서비스 부문에서의 막대한 민영화 움직임을 수반하고 있다. 물론 그 효과는 당연히 상이한데, 군사력은 주권의 중심이기 때문이다. 국가가 이런 구조에 의지하는 이유는 국가 안보에 직접적 위협이 되지 않는 간접적 갈등이 증가하고, 국민들에게 사망자의 수를 알리는 것에 주저하게 되기 때문이다.

용병은 여러 문제점을 야기하기도 한다. 힘의 사용을 민주적으로 통제하기 어려워지고, 주권을 위임받은 주체가 증가하며, 지휘를 덜 받고 교육도 부족하고 국가의 위계질서에 덜 복종하는 사람들에게 의지함으로써 더 손쉽게 전쟁이 발발할 수 있다.

민영화된 군사업체는 세계 안전에 위협적인 요소가 될 수도 있는데, 이들은 완전히 개인적인 이익만을 추구하며 자신들의 매출을 위해 갈등을 지연시킬 수 있기 때문이다. 평화는 이들의 생존에는 위협이 된다. 이미 국가와 호의적인 힘의 관계를 소유하게 된 군사 산업체는 국가의 이익에 불리한 방향으로 강화되고 있다.

이 산업체들은 군사 배치나 부대 운용에 대한 물적 지원, 근거리에서 민간인 보호, 국내 영토나 외국에서 군사 훈련과 정치 훈련, 정보의 수집과 분석, 수감자들에게 대한 감시 및 심문 등의 임무를 맡고 있으며, 전쟁에 참여하는 것도 가능하다.

민간 기업은 전쟁법의 규칙에서 제외된다(그럼에도 정규군에게 무시당하기 일쑤다). 민간 군사업체의 세계 시장은 약 1억 달러로 추산되며, 그중 절반이 미국을 위한 시장이다. 세계 군비는 17억 달러로 추산된다. 아프가니스탄과 이라크에 파병된 병력 중 민영 군사업체의 인원은 미군에 이어 두 번째로 많았으며, 유럽연합군이 그 뒤를 이어 3위를 차지했다.

그러나 민영화도 한계에 부딪히고 있다. 국가는 정치적 책임과 여론으로부터 자유로울 수 없는데, 여론은 민영 군사업체의 활동을 그 업체에게 임무를 주는 국가와 직접적으로 연결시켜 생각하기 마련이다. 이들에 대한 통제가 더 느슨해지면, 국가의 의사 결정력이 약화되면서 전쟁 개입에 대한 책임감을 갖기 어려워질 수 있다.

■■■ 요약

민영 군사업체는 군사 행동에서 점점 더 중요한 자리를 차지하는데, 특히 미국의 경우가 그렇다. 국가는 실질적인 이유(탄력성, 국가 개입의 감소)에서 이런 민영업체에 의지하게 되는데, 그럼에도 불구하고 여전히 이들과 관련하여 통제, 교육, 책임감의 문제가 불거지고 있다. 그들은 그들을 고용한 국가와의 충돌을 포함하여, 민감한 이권 문제로 충돌을 일으킬 수도 있다.

CHAPTER 8

자원, 축복인가, 재앙인가?

농업 혹은 광물자원을 소유한다는 건 언제나 국가의 권력을 구성하는 요소였다.

15세기 말과 19세기 초반에 있었던 대발견은 자원을 얻으려는 열망에서 비롯되었다. 농업에서 자급자족은 권력의 결정적인 기준이었다. 나폴레옹 1세는 봉쇄작전을 펼치면서 영국의 숨통을 끊으려고 했다. 석탄의 생산은 19세기 영국이 부상하는 데 결정적인 역할을 했다. 20세기 초 미국 기업이 추구하는 12가지 원칙 중 10개는 자연자원을 개발하는 것이었다. 19세기와 20세기 초반에 부를 축적한 국가들의 공통점은 막대한 양의 천연자원을 소유하고 있다는 것이었다.

냉전이 끝나고 세계화의 물결이 휩쓸면서 천연자원을 소유하고 있는 것이 과연 권력의 결정적인 기준이 될 수 있는지에 대한 의문이 제기되었다. 우선, 세계적으로 가장 중요한 자원 중 여러 자원의 재고를 축적해놓았던 소련은 내적으로 붕괴했다. 반면 일본에는 천연자원이라고 할 만한 것이 거의 없었지만 현재 국민총생산 세계 2위의 국가로 성장했으며 승승장구하고 있다.

지식과 기술 숙련의 결과로 나타난 신정보통신기술은 천연자원을 대신하여 권력의 결정적인 기준이 되었다. 신정보통신기술은 영토를 선점할 필요가 없으며, 이와 같은 기술을 발전시키고 적용할 수 있는 체계가 갖추어진 곳이라면 어디서나 개발할 수 있다는 장점을 가지고 있다.

유전의 위치를 바꿀 수는 없지만, 실리콘밸리는 지리적 조건에 구애를 받지 않는다. 그러나 원료와 천연자원의 역할이 오랫동안 계속 감소하지는 않았다. 세계 인구의 증가, 특히 많은 국가의 경제력이 상승하고 천연자원에서 상대적인 품귀현상이 발생하면서 자원과 원료의 중요성은 다시 부각되었다. 기본 재화를 생산해낼 수 있느냐가 다시 관심의 대상이 되었고, 에너지 원료, 식품 생산, 무형의 하이테크놀로지 제품을 생산하는 데 반드시 필요한 희귀 광물을 통제하는 문제를 둘러싼 경쟁이 다시 시작되었다. 세계적으로 성장이 완화되고 석유 제품이 과잉 생산되면서 2015년부터 흐름이 바뀌기 시작했고, 현재는 어느 정도 안정된 상황이다.

러시아는 석유 제품과 가스 제품 덕분에 국제사회에서 위상과 경제력을 회복할 수 있었다. 걸프만에 있는 산유국, 특히 인구가 적은 국가들은 석유와 가스의 원가 상승을 이용해서 미국과 서유럽의 기업들을 다시 사들였다.

아프리카는 냉전이 끝나며 국제사회의 관심 밖으로 밀려나 있었지만, 이 대륙이 보유하고 있는 원유와 광산 자원 덕분에 외부 열강에게 다시 주목받고 있다. 특별히 의욕적이었던 중국은 개발권을 갖는 대가로 국가 기반 시설의 공사에 참여하여 아프리카 국가의 발전에 개입했다. 최근에 중국은 아프리카에 향후 20년간 200억 달러의 차관을 제공한다는 내용의 계약을 체결했다.

하지만 천연자원을 소유하고 있다는 것은 행운인 동시에 저주로 작용하기도 한다. 천연자원이 풍부한 국가(자원을 수출하여 벌어들이는 수입이 국가 총예산 수입의 4분의 1이 넘는 국가들) 53개국 중 다수가 지구상에서 가장 가난한 국가로 분류되고 있다.

원료가 풍부한 곳에서는 그 원료로 얻는 수입의 관리 문제를 두고 갈등이 빚어지기도 한다. 원료가 풍부한 국가는 부패와 사기, (수출 실적으로 인해 국가 통화의 가치가 상승하며 다른 분야에서의 국제 경쟁력을 상실하는) '네덜란드 증후군'이라는 부정적인 결과가 나타난다. 이런 요인들은 특히 국가 내부에서 벌어지는 갈등의 원인이 되기도 한다. 반군 무장 세력 혹은 부패한 게릴라들이 정치적 목적이 아니라, 광산 임대료를 자신들의 수입원으로 이용하기 위해 군사적 행동에 나서기도 한다.

'지질학적 불가사의'라고 불릴 만큼 풍부한 천연자원을 가지고 있는 콩고는 지구에서 가장 가난한 국가 중 하나이다. 정치 지도자들의 협잡, 지질학적 부를 강탈하기 위한 내부 무장 세력과 외부 세력의 분쟁이 빈곤의 원인으로 꼽힌다.

요약

19세기부터 20세기 초까지 권력의 1차적 요소였던 천연자원은 냉전이 끝나고 정보의 신기술이 확산되면서 전략적 중요성이 감소했다. 그러나 많은 국가에서 경제가 부상하면서 천연자원에 대한 관심이 다시 촉발되었다. 반면 천연자원에 대한 야욕은 몇몇 국가에게는 오히려 독이 되는 결과를 낳았다.

CHAPTER 9
스포츠 세계화의
목표는 무엇인가?

　　월드컵과 올림픽은 세계화된 스포츠 경기로, 지정학적인 경쟁에서 새로운 분야를 창출하고 있다.

　　피에르 드 쿠베르탱Pierre de Coubertin 남작이 올림픽을 다시 시작했을 때, 그가 스포츠를 통해 평화를 촉진하려는 운동의 선두에 섰던 것은 아니었다. 그의 의도는 프랑스의 젊은이들에게 육체 문화에 대한 흥미를 북돋우려는 것이었다. 물론 프랑스 젊은이들은 독일에 맞서 군사적으로 더 잘 훈련되어 있었다. 그러나 사람들은 올림픽과 월드컵이 내포하고 있는 정치적, 지정학적 영향력을 재빨리 감지할 수 있었다. 제1차 세계대전 이후, 패전국은 올림픽에 참가하지 못했다. 프랑스에서는 축구팀이 어느 국가와 대결하게 될지를 외무부장관이 결정했다. 1904년 세인트루이스에서 올림픽이 개최되었을 때, 경쟁자의 대부분은 미국인이었다. 1930년에 처음으로 월드컵 대회가 열렸을 때, 유럽에서 4개국만이 우루과이까지 가는 것을 받아들였다.* 무솔리니는 자신의 정권에 정당성을 부여하는 프로파간다의 하나로 이용하려는 목적에서 1934년 월드컵 대회를 이탈리아에서 개최하려고 시도하기도 했다. 히틀러도 독일이 국제사회의 일원이라는 것을 과시하기 위해 (히틀러가 정권을 잡기 전에 독일 개최가 결정된) 1936년 올림픽을 이용하려 했다. 그러나 두 번 모두 대회를 주관하는 단체에서 파시즘 정권과 나치 정권을 비판하는 기사를 촉구했다.

소련과 미국이 냉전에 집중하고 있을 때, 냉전과 관련된 국가들은 전 세계 5개 대륙으로 연합세력과 전략적 거점을 찾아다녔고, 탱크, 항공기와 핵무기의 숫자와 올림픽 경기의 메달 수에까지 의존했다.

스포츠에서의 승리도 정권의 우월성을 과시할 수 있는 조건이었다. 인구에서 상대적으로 약세를 보였던 동독은 대량의 도핑에 의존하는 등 모든 수단을 동원하며 서유럽의 국가들보다 더 많은 메달을 획득하려고 애썼다. 프랑스의 드골 대통령은 스포츠 경기에

● 1930년 남미의 우루과이에서 제1회 월드컵이 개최되었다. 당시 우루과이는 세계 축구를 지배해온 축구 강국이었기에 대회 개최에 의문을 갖는 사람은 없었다. 우루과이가 이 대회를 유치하기 위해 유럽의 강국들에게 대회 참가비와 체제비를 부담하겠다는 파격적인 제안을 했으나 대회 시차와 교통난, 남미의 정세 등을 이유로 많은 유럽 국가들이 참가를 포기했다.

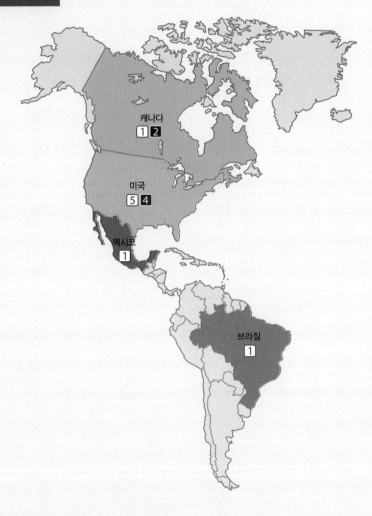

세계의 올림픽
개최 도시
(1896~2028년)

캐나다
1 2

미국
5 4

멕시코
1

브라질
1

1 하계올림픽 개최 횟수 (1896~2028년)
1 동계올림픽 개최 횟수 (1924~2020년)

비교적 무관심했음에도 불구하고 1960년 로마에서 개최된 올림픽에서 좋은 성적을 거두지 못하자 국가 전체의 수준을 높이기 위해 스포츠 분야를 재정비하기도 했다. 드골 대통령은 그것이 프랑스의 명예에 걸맞는다고 평가했다. 동서의 분열이 끝나면서 전 세계적인 이데올로기 경쟁이 끝났지만, 국가 간의 경쟁은 막을 내리지 못했다. 세계화된 스포츠 경쟁은 여전히 명예와 권력의 상징이 되곤 한다. 2008년 중국 베이징에서 열린 올림픽에서 금메달 수에서 승리한 것은 중국에게는 매우 중요한 사건이었다.

스포츠 분야, 특히 올림픽과 월드컵이 지닌 전략적 중요성은 두 가지 요소로 설명할 수 있다. 스포츠가 가진 매력은 지속적으로 더 많은 사람들을 끌어들이고 있다. 그리고 텔레비전 덕분에 전 세계의 모든 사람들이 참여할 수 있는 가상의 세계 경기장이 만들어졌다. 월드컵 결승전은 세계적으로 가장 높은 시청률을 기록하는 이벤트가 되었다. 이미지, 명예, 소프트 파워가 점점 더 중요해지면서 권력의 정의 또한 변화했고, 그런 측면에서 스포츠에서 승리하는 것이 중요하게 부각되고 있다. 스포츠 챔피언은 외교대사처럼 국경을 넘어 영향력을 미치며, 국가 원수보다 더 대중적인 인기를 누리기도 한다.

이런 스포츠 경기를 조직하고 개최하는 것조차 치열한 경쟁의 대상이 되었다. 개최를 하는 것부터 스포츠 경기가 진행되는 모든 과정에 전 세계의 이목이 집중되기 때문이다. 국가로서는 찾기 힘든

쇼케이스가 벌어지는 것이다. 국제올림픽위원회와 국제축구연맹
은 자신들의 결정이 지정학적 역사를 쓰는 데 일조하기를 원한다.

　1964년 도쿄올림픽을 개최하면서 적어도 일본에 한해서는 제
2차 세계대전이 종결되었다고 보아야 한다. 1972년 뮌헨에서 올
림픽이 개최되면서 독일도 같은 경우에 해당되었다. 모스크바에서
열린 1980년 올림픽은 긴장 완화의 시기에 결정되었던 탓에 서구
국가들이 보이콧하는 사태가 벌어졌다. 서울에서 개최된 올림픽은
남한의 민주화와 발전을 가져오기도 했으며, 2008년 올림픽 경기
는 중국이 세계 강대국으로 부상하는 것을 인정하는 계기가 되었
다. 2016년 브라질 올림픽도 같은 역할을 했다. 2010년에는 남아프
리카에서, 2018년에는 러시아에서 월드컵이 개최되고, 2022년의
월드컵이 카타르로 예정되어 있는 것도 같은 맥락의 움직임이라고
보아야 한다.

　2010년에는 아프리카 대륙도 세계화의 움직임에서 제외되지 않
았으며, 이는 아프리카가 중요한 세계적 행사를 치러내겠다는 의
욕과 도전을 보여준 경우이다. 러시아로서는 1990년대에 급격하게
쇠락한 이후 강대국의 위치를 다시 차지하는 것을 보여주는 계기
가 될 것이고, 카타르는 세계적 규모의 스포츠 경기를 치르는 첫 아
랍 국가이자 첫 이슬람 국가가 될 것이다.

　파리와 프랑스는 2024년 올림픽을 유치하기 위해 노력 중인데,
국가 내부의 움직임을 유도하고, 국제사회에서는 관광 분야에서

프랑스를 홍보하려고 한다.

▰▰▰ 요약

스포츠 경기는 권력 간의 경쟁에서 항상 릴레이 계주 역할을 하고, 이 경기에서의 승리는 국가의 영예를 강화하는 역할을 한다. 세계화, 특히 텔레비전이 전 세계적으로 보급되면서 이런 현상이 강하게 나타나고 있으며, 소프트 파워의 중요성이 커지면서 이런 경향은 더 강화되었다.

CHAPTER 10

유럽은
쇠락하고 있는가?

　　세계가 냉전에서 벗어날 즈음, 유럽은 대서양 너머의 세계까지 다시 인도하게 될, 지도력의 횃불을 든 미래의 대륙으로 보였다. 소련은 내적으로 붕괴했고, 미국은 쇠락의 길로 접어든 것처럼 보이고, 일본은 정체에 빠졌으며, 중국의 개발은 이제 막 시작되었을 뿐이었다. 유럽은 소련이 무너지면서 그 위협에서 벗어나 안전을 보장받고, 바르샤바조약 가입국들로까지 세력을 확장하려는 전망을 갖게 되었다. 1992년 마하트리히트 조약*은 외교정책과 공통화폐에 대한 새로운 전망을 열었다. '경제 거인' 유럽이 정치 난쟁이를 벗어나려 하고 있었다. 그러나 지금 이 희망은 멀리 휩쓸려가

● 1992년 2월 7일 당시 유럽공동체의 12개 회원국 간에 체결된 유럽연합 창설에 관한 조약

버렸다.

오늘날에는 유럽 비관주의라고 하는 것이 더 적절해 보인다. 다른 대륙의 경제는 가속도를 내고 있는 반면, 유럽의 경제는 활력을 잃고 정체되어 있는 듯하다. 신흥국가들이 역동적으로 발전하는 것과는 대조적으로 유럽은 대량 실업 문제로 타격을 입고 정체되어 있다는 인상을 주고 있다. 유럽인들은 유럽을 구축하면서 가졌던 믿음을 잃었다. 유럽의회가 예전보다 더 중요한 권력을 가지게 되었지만, 유권자들은 투표함에서 멀어져 대규모로 기권한다. 투표를 하는 사람들도 유럽 건설에 항의하는 정당을 지지한다. 2012년에는 유로화의 미래에 대해 문제가 제기되기도 했으며, 2016년 6월 23일에 영국은 국민투표를 통해 유럽연합 탈퇴를 결정했다. 더구나 1990년대에 유럽은 발칸반도의 전쟁을 막지 못했다.

1998년 생말로에서 열린 프랑스-영국 간 정상회담*과 1999년 코소보 전쟁 이후에 드러난 유럽 방위에 대한 희망은 미국과 유럽의 NATO 국가들 사이의 힘의 차이를 보여주었을 뿐 아무런 결과를 도출하지 못했다.

1999년 헬싱키에서 열린 유럽 정상회담에서는 1년 동안 4,000킬로미터를 이동할 수 있는 6만 명 규모의 유럽군 동원 체제를 구축

● 1998년 12월 영국과 프랑스가 독자적인 행동 능력을 가진 유럽방위군 창설의 필요성에 합의하여 미국이 참가하지 않는 유럽의 독자적인 군사 기구 설립의 기반을 마련한 회담

하기로 결정했다. 하지만 2015년이 되었을 때 원래 계획했던 인원의 10퍼센트만이 남게 되었다. 2003년 유럽 국가들은 이라크 전쟁을 둘러싸고 분열되었는데, 몇몇 국가는 이라크 전쟁을 지지한 반면 몇몇 국가는 이 전쟁에 강력하게 항의했다. NATO는 항상 안전을 우선순위에 두었는데, 특히 이전에 바르샤바조약기구의 회원국이었던 국가의 가입을 두고 문제가 불거졌다.

단기간 내에 유럽을 인정하지 않는 민족으로까지 유럽이 확장되면서 익명의 유럽이라는 조직에 맞서 정체성을 상실하게 될지도 모른다는 두려움이 퍼져갔다. 공통적인 특징으로 이민자와 무슬림들을 거부했던 포퓰리스트 정당(사실상 극우 정당)들은 전통적으로 관용적이며 열린 생각을 가지고 있던 국가들에서도 상당한 지지를 받았다. 지속적으로 인구가 줄어들고 있는 유럽은 인구통계학적으로 무너지고 있다. 어떤 사람들은 경제 거인이 정치적 거인이기를 멈출 것인지 아닌지를 더 이상 문제 삼지 않는다. 오히려 유럽이 2050년까지 여전히 경제강국으로 남게 될 것인지에 초점을 두고 있다.

하지만 유럽 내부에서 나타나는 근심거리들이 외부에서는 드러나지 않는다. 유럽이라는 거대한 국경선은 여전히 매력적이다. 비록 소수 정치가들에 의해 바로 무산되었지만, 마이단 광장의 우크라이나인들이 시위를 일으킨 것도 유럽에 포함되기 위해서였다. 여전히 많은 국가들이 유럽연합에 가입하기 위해 줄을 서 있다. 목숨을 걸고 유럽으로 이민하려는 사람들이 쇄도하는데, 그들에게 유럽 대륙은 엘도라도처럼 여전히 그 매력을 발산하고 있다.

이와 관련하여 몇 가지 통계를 살펴보면, 유럽 대륙의 인구는 세계 인구의 6퍼센트에 불과하지만, 국내총생산의 22퍼센트 그리고 사회 비용의 50퍼센트를 차지하고 있다. 유럽의 사회 시스템이 유럽 내부에서는 균열이 가 있는 듯 보여도, 아프리카는 말할 것도 없고 아시아나 라틴아메리카의 국가들, 경제적으로 급부상하는 국가들에게는 여전히 도달해야 할 목표로 여겨지고 있다.

유럽은 미국과 같은 정도의 군사력은 갖고 있지 못하지만 그런 목표 또한 없다. 유럽은 세계를 지배할 의사가 없다. 다각적인 구조를 갖춘 유럽은 질서가 부재한 경우에 다각화만이 유일한 해답인 세계에 완벽하게 적응해 있다. 또한 옛 공산권 국가들이 가입하면서 평화로운 변화와 경제 발전이 가능하게 되었다. 이런 유럽적 모델과 유럽에 가입하려는 욕망은 발칸반도에 평화를 가져왔다.

유럽은 전 세계 개발 원조의 50퍼센트를 담당하고 있으며, 여전히 기술 혁신과 매력적인 관광지를 갖고 있는 대륙으로 통한다. 전 세계적인 차원에서 전략적 문제였던 러시아와 우크라이나 간의 화해를 이끌어낸 것도 유럽 국가, 즉 프랑스와 독일이었다. 프랑스는 다른 유럽 국가들의 지원을 받아서, 바마코(말리의 수도)에 지하디즘 정권이 들어서는 것을 막고 말리에 다시 평화를 가져왔다. 유럽은 탈세를 막는 기법을 제정하는 데 중요한 역할을 했고, 유럽 진행위원회는 미국의 거대 기업인 구글과 아마존에 맞서 승리를 거두었다.

지구 온난화에 반대하는 싸움에서 유럽은 중요한 역할을 하고 있다. 유럽은 여전히 세계에서 가장 부유한 지역이며 가장 강력한 소비 잠재력을 가진 소비자들의 저수탱크이기도 하다. 공동체를 건설하고 적국과의 화해를 이끌어내기 위한 유럽의 모델은 여전히 성공 사례로 남아 있다.

이민자의 수가 계속 증가한다는 것은 현재에도 여전히 동서 간의 균열이 존재한다는 사실을 증명한다. 영국이 선택한 브렉시트Brexit와 트럼프 대통령의 당선은 유럽에게는 새로운 도전이지만, 유럽을 재정비할 기회인 것도 사실이다. 새로 선출된 에마뉘엘 마크롱 프랑스 대통령과 4선으로 총리 자리를 지키고 있는 앙겔라 메르켈 독일 총리는 유럽연합을 공고히 만들기 위해 프랑스-독일 관계를 강화하려 한다.

■■■ 요약

유럽연합은 내부적으로는 국경 간의 마찰이 심화되고 있지만, 외부적으로는 여전히 매력적이다. 유럽연합은 국제사회에서 아직도 권력의 중심에 머물고 있다.

지정학 지금 세계에 무슨 일이 벌어지고 있는가?

초판 1쇄 발행	2019년 2월 7일
초판 4쇄 발행	2020년 7월 17일

지은이	파스칼 보니파스

펴낸이	신민식
펴낸곳	가디언
출판등록	제2010-000113호

주 소	서울시 마포구 토정로 222 한국출판콘텐츠센터 306호
전 화	02-332-4103
팩 스	02-332-4111
이메일	gadian7@naver.com
홈페이지	www.sirubooks.com

인쇄 · 제본	㈜상지사P&B
종이	월드페이퍼㈜

ISBN 979-11-89159-18-4 03340